# 逆境経営

樽谷哲也



文春新書

1403

# はじめに

一つの会社の営みというものがいかに私たちの暮らしを大きく支え、また変えゆくかと、日ごと思いを深めている。

アメリカのグーグル、アップル、フェイスブック（現・メタ）、アマゾンのＧＡＦＡ——あるいはマイクロソフトを加えてＧＡＦＡＭ——に代表される急成長を遂げた巨大ＩＴ企業らは、たしかにインターネット時代の寵児であり、デジタル化の波にいち早く乗った覇者であったといえる。ただし、誰よりも先んじた分、成功の果実を得るとともにリスクを負うことにもなり、前途に翳りが見え始めたばかりか、その途端に、多くの従業員の解雇に踏み切るという、企業経営において最も避けなければならない選択肢にあっさりと縋《すが》るに至った。そして、彼ら巨大ＩＴ企業の日本法人にも、リストラという名のもと、働く人びとの暮らしと尊厳をいともたやすく奪う事例が現出している。

日本の企業史にも、従業員に退職を迫ることで経営の危機を乗り切ろうとした例は数多《あまた》とある。他方、このようにもいえるのではないか。ＧＡＦＡのような世界中に知られるグローバルＩＴ企業が二十世紀の終わりからこの二十一世紀の初頭にかけ、陸続と生まれることこそなかったものの、焦土と化した先の大戦の時代を経ながら、浮利を追わず、従業員の雇用を守り、顧客と地域、取引先との長年の信義を重んじて、真っ正直な商いをこつこつと重ねてきた会社は、この日本に決して少なくないのではなかろうか。経営の哲学や理念を守りながら、百年を超えて歩みを重ねてきた長寿企業が日本には世界でも稀なほど多いことはよく知られている。

さはさりながら、バブルと呼ばれた景気が文字どおりうたかたと消えて低迷した一九九〇年代以降の日本は「失われた十年」と語られ、ついには「失われた三十年」と、自信喪失と無為無策を諦め顔で認めるような形容がなされてきた。たとえば、大学新卒者の初任給の水準は、この三十年、ほとんど変わらないといっていいほど上がっていなかった。非正規雇用を後押しする政策が推進され、生活の水準もまた、公平に上向いていくようには見られなかった。同じころ、これらを克服する唯一の方途であるかのように、しきりに見聞きしたのが「デフレ（物価下落）からの脱却」との謳《うた》い文句である。物価の上昇を歓迎する生活者がいるのであろうかと、単純な疑問は行きつ戻りつしていた。

縁あって、月刊『文藝春秋』を発表舞台に、各地の会社を訪ね、経営者やそこで働く人びとの日々の姿を垣間見る旅を始めることになった。期せずして、世界が大きく変わりゆくただなかで、日本の会社のありようを、その瞬間に生きるひとりとして、いくつもの視点から目撃し、書きとめる機会を与えられた。

少子化と高齢化、そして人口減が同時に進む、先進国の中で初めての動態変化を迎えている日本で、会社それぞれに、経営者、働く人、また顧客と、暮らしを守りゆく努力の結晶のような軌跡を描いていた。実直であることは各社に共通していて、さらに、しぶとく、あるいはしたたかに、独特の企業文化によって歴史を重ねている。

このたび、改めて一冊に編むにあたり、登場者の年齢や肩書、社名や経営にまつわる数値などは掲載時の発表原稿の表現どおりに所収するのを原則とし、加筆や改変は最小限にとどめた。そのうえで、参考までに伝えるべきであろう現況についてのみ、必要に応じて文末に追記として補った。経営トップをはじめとする証言者たちの肉声は、息遣いそのものとともに長く残されうるものであろう。働く人びとの姿は、私たちの毎日の写し絵とならぬであろうか。会社ごとに濃淡ある独自の取り組みは、その時代をさまざまに、かつ雄弁に伝えて色あせない。

なお、煩瑣《はんさ》になるのを避けるためというただ一つの理由から、本文中の敬称は略させていただいた。ご海容を賜りたい。

日本の会社の、おそらくは世界でもそう多くはないであろう創意工夫に満ち満ちた現実の、喜びと苦労にあふれた歩みの物語を、肩の力を抜いてご覧いただけたら、たいへん幸いである。

# 逆境経営 ◎ 目次

写真　文藝春秋写真部

# 第一章　カリスマ社長　創業の志

ヨークベニマル

# 大髙善興会長

## 地元のスーパーマーケットから「セブンプレミアム」生みの親へ。

### PB「セブンプレミアム」の立役者

東京駅から東北新幹線で北上すると、利根川を越えた辺りで、車窓から時折、赤と緑で白い鳩のシルエットをあしらった馴染み深い看板を掲げる店舗が目に入ってくる。本拠地の郡山駅が近づくにつれ、俄然その数が増える。有為転変の激しいスーパーマーケット業界で、七十年以上、堅実に地歩を固めてきたヨークベニマル（福島県郡山市）である。

代表取締役会長にして、この優良会社の大立者として広く知られるのが創業家出身の大髙善興《ぜんこう》である。セブン＆アイ・ホールディングス（7＆iHD）の自社開発であるプライベートブランド（PB）商品「セブンプレミアム」の生みの親でもある。

創業以来、福島を中心に宮城、山形、茨城、栃木の東北南部と北関東エリアの五県のみにとどまり、首都圏へは進出せずに、二百三十三店を手堅く営んでいる（二〇二〇年当時）。年商は約四千四百億円と、スーパーマーケット業界では全国屈指で、県を代表する著名企業でもある。

二〇〇六（平成十八）年に、セブン‐イレブン・ジャパンやイトーヨーカ堂などを擁する７＆ｉＨＤの完全子会社になると同時に、東京証券取引所第一部上場は廃止となったため、ヨークベニマル単体では上場企業を対象とする各種ランキングや統計には経営の業績が表れない。大手メディアの目が必ずしも行き届いてはおらず、高収益を生み出す経営手法や企業風土など、知られざるところも少なくない。

二〇二〇年八月の末、ヨークベニマルが旗艦店の一つと位置づける郡山市の横塚店を訪ねた。売り場面積約一千坪の店のど真ん中で、会長の大高善興が立って待っていた。

大高は、四兄弟の三男で、父、そして二人の兄たちからバトンを譲り受け、二〇〇〇年に第四代社長に就任した。十五年間その職を務め、二〇一五年、大卒入社組で生え抜きの真船幸夫に後事を託した。創業家出身者以外で初めての社長である。大高は、楽隠居する気など少しもないらしく、相変わらず会社と店の隅々にまで目を光らせている。

「いまも一週間に三日ほどは店を回ります。一日に十店舗くらい見て回る日もありますかな。社長より私のほうがどの店のことも詳しいはずです」

そう笑いつつ、行き交う従業員たちを名前で呼びかけながら「ご苦労さん」、「お疲れさん」とねぎらって歩く。会長のお出ましに驚き、半ば直立不動で身を固くする者もいる。

「私、創業者の父に改めて感謝しているのは、食料品を一生の仕事にしたということなんです。スーパーマーケットが果たすべき役割という原点に返って、新型コロナで苦しい、いまだからこそ、味のいい、本当に美味しくて身体にいいものを、お客さんにもっと提供したいと奮起しています」

## 季節感、ライブ感、感動が生まれる店を

会長直々の案内で店内を歩くと、アメリカの大型スーパーマーケットのごとく、まぶしいほど鮮やかな緑一色の福島県産ピーマンが大量に陳列されていた。山なりに積まれた一つひとつの色合い、大きさが均一で、ピーマン特有の青々しくやや苦みある香りが漂う。思わず、その場で丸かじりしたい衝動に駆られる。大高は満足げに微笑んだ。

「入った瞬間に、季節感、ライブ感、感動が生まれる店を私はつくりたいんです」

この年は夏の猛暑により、野菜は不作で、価格が急騰していた。目玉商品でもあるこのピーマンは一個三十五円のばら売りである。家計を助ける価格と品質、信用がそこにあった。

「安さ一辺倒の競争には限度がある。だから価値創造型のスーパーマーケットをめざしています。味、品質、品ぞろえで、他社さんとの競争に勝っていかなきゃならんのです」

安売り競争を否定しながら、覗き込むように、こう私の顔を窺《うかが》う。

「どうです？　安いでしょう？　サラダを食べたくなったらヨークベニマルに行ってみよう、とお客さんにいってもらえるのを目標にしているんです」

柔らかな東北訛《なま》りの語り口からは、どこかのんびりとした印象を受けるが、商品や店づくりについて話し始めると止まらない。筋金入りのスーパーマーケット経営者なのである。

野菜と同じく、鮮魚、精肉の売り場でも福島産の商品が並んでいる。見るからに鮮度がよく、そして安い。

「いま、とくに力を入れているのは和牛です。福島の畜産農家の人たちが風評被害で困っているんですよ。さらにコロナの影響で料理屋さんが店を休んでしまっているから、肉が売れない。いいものをとにかく安く売る。いま、和牛を四割引きで提供しています」

風評被害とは、むろん福島第一原子力発電所事故の放射能汚染による影響のことである。農家を助けたいとの思いは、店と客の総意であろう。

地元の県立郡山商業高校を卒業後の一九五八（昭和三十三）年に家業に入った大高善興は、肩書こそ二十三歳で常務となったが、両親と兄たちを助けながら、いつも店頭で立ち働いた。田畑や農場、市場で生鮮品の見極め方を叩き込んだ。真冬の暗い早暁、凍《い》てつくような水に手を浸しながら魚をさばくつらさも身をもって知る。

生鮮品と並んで、ヨークベニマルの代名詞ともなっているのが惣菜である。コロッケとポテトサラダを古くから看板商品とする。じゃがいものゴロッとした食感や香りを残した加工が優れていると創業者の時代から定評があり、視察に訪れた同業者たちがみな買って、その場で試食していく。牛肉コロッケは一個七十八円、ポテトサラダは百グラムあたり百五十七円と、太刀打ちできる同業他社チェーンはそうない価格である。

「じゃがいもは国産で、種、土壌、肥料、生産者、栽培や収穫まで、全部指定して運んで、私たちで加工して販売しています。惣菜は、うちのライフフーズがつくってきました」

ライフフーズは、売り場の商品力を強化し、成長の屋台骨を培《つちか》ってきた食品開発製造の子会社である。ヨークベニマルの社長は、四兄弟の三人の兄たちが継承してきた。四男の大髙喬樹《きょうじゅ》は食のエキスパートに徹してライフフーズを育て、あらゆる惣菜を供給してきた。ヨークベニマルが圧倒的な支持を受ける食品部門の心臓部といえる。約五百億円の年商を叩き出し、八％前後の営業利益率を誇る、やはり優良会社である。

## イトーヨーカ堂・伊藤雅俊との深い縁

　大髙兄弟の両親は、戦後まもない一九四八年九月、郡山市内に六坪の食料品店を開く。父の善雄は、敗戦で打ちひしがれている祖国を再建しようとの志から、焦土にふたたび日の丸を立てるべく、鮮やかな赤色より少し遠慮がちに始めるとの意を込めて紅丸商店と名乗り、「ベニマル」の屋号を掲げる。ときに、善雄三十九歳、妻さた三十四歳であった。

　小さな店の売り上げだけでは四男二女の六人の子どもたちを養うのも難しく、さたは、自転車の荷台に、するめや切り昆布などを積んで行商に出る。買い物に不便を託《かこ》っている人の多そうな山間部へと漕ぎ出した。十キロあまり野を越えて「いかがですか」と集落の家々を訪ねつづけ、一つも売れぬまま陽が暮れかけたころ、二十五軒目で農家の老婆が「なに持ってきたんだい？　見せでみっせ」と応じ、初めて商品が売れた。

　さたの話を聞いた善雄は、野を越え、山を越えて、二十五人の代表として来店した客を得たのと同じことだと感激した。その晩、善雄は「野越え山越え」という自らの商いの精神を標語に据える。やがて、「一人のお客さまに誠実を尽くせ。これが野越え山越えの精神である」という社是となって息づいていく。ベニマルの売り上げは年ごとに倍増し、二号店、三号店と広げていく。目覚ましい繁盛店として全国の小売商の間で知られる存在となり、のちに有力チェーンとなる十字屋やヤオハンなどが善雄に経営の教えを乞いに訪れた。創業から十五年後の一九六三年、大高善雄は会長となり、長男の善兵衛が三十一年間にわたって第二代社長を務める。その後の経営は弟たちに引き継がれていくことになる。

大高は笑いながら、「兄弟四人、非常に個性が強かった」と振り返る。

「父は、店を息子たちに分け与えて継がせようと考えた時期もあったようです」

スーパーマーケット間の競争激化の時代を、善兵衛が陣頭に立って乗り切っていく。朴訥にして磊落《らいらく》、父親譲りの包容力ある人柄で知られた善兵衛は、「損得よりも善悪を先に」という父の教えを自らの信条とした。地元の名士としても通り、一九九四年、周囲に推されて地元の郡山商工会議所の会頭に就くのを契機に、社長を退任する。後継の第三代社長となるのが善雄の次男の善二郎であった。数字にめっぽう強く、あまりの頭の回転の速さに側近の幹部たちもついていけなかったというエピソードがいくつも残る。

食料品店を発祥とするベニマルは、衣料品店から発展した東京の総合スーパー、イトーヨーカ堂との協力関係を深めていく。互いに得意とする食品、非食品の売り場を分担して受け持って共同出店するなどの試みも進めた。父の善雄は、イトーヨーカ堂の伊藤雅俊の信を重んずる経営理念に共鳴し、年下ながら、誠実な創業経営者として敬していた。そして、一九七三年、両社は業務提携を結ぶに至る。これを機に、ヨークベニマルと商号を改めた。社長として忙しい長兄の善兵衛の名代としてイトーヨーカ堂との信頼関係を深めていったのが専務時代の善二郎であった。

東証二部上場を果たす直前に創業者の大高善雄は脳血栓により倒れ、一九八〇年九月、七十一歳で急逝する。四年後、東証一部に指定替えとなった八四年、大高善興は四十四歳で専務に就く。関西からダイエーが日本中へ急拡大し、東京からは西友も店舗網を広げていた。経営破綻に至る大型チェーンも現れていた。大高善興は、「ローカルのスーパーマーケットでしかないうちは、ダイエーさんたちの安さと総合力であっという間に潰《つぶ》されてしまうのではないかと、夜も眠れずに震えているような毎日でした」と打ち明ける。東証一部上場会社となっても、浮かれてなどいなかった。父の善雄は、生前、息子たちへ折あるごとに「イトーヨーカ堂の伊藤さんを信頼してついていきなさい」と説いていた。

「父は、伊藤さんに『四人の親代わりになってやってほしい』という願いを託していたようです。うちが衣料品を扱い始めたときも、伊藤さんは『提携なんてしなくても協力しますよ』と支援してくれた。苦しいとき、伊藤さんの存在は本当に大きなものでした」

一九九四年、振り返って「あのころの僕はあまり仕事をしていなかった」と苦笑いする大髙善興は副社長になり、社長に就いた次兄の善二郎を支える重責を担った。三男坊という気安さもあったろうが、父や兄たちが経営者として、銀行をはじめ、社外との折衝やつきあいに忙しかったからこそ、いつも現場に身を置き、従業員一人ひとりを、売り場の隅々を、多くの仕入れ先を、誰よりも知り抜くことにもなった。

## 7&iHDの傘下へ

二〇〇〇年五月、六十歳になっていた大髙善興は、善二郎から経営のバトンを受け、第四代社長に就任する。両親と働き通しであった日々を、原風景のように思い返すことが増えた。売り場も事務室も清潔に保たなければならないと従業員に繰り返し、今日に至るまで、自ら率先して店や本社、工場のトイレを掃除しつづけている。

二〇〇五年九月、セブン-イレブン・ジャパン、イトーヨーカ堂、ファミリーレストランのデニーズなどを傘下に収める巨大な持ち株会社として７＆ｉＨＤが誕生した。

　ヨークベニマルもまた、大英断に動く。大高善興は、三十年以上にわたってつづけてきたイトーヨーカ堂との業務提携をいっそう強化すべきではないかと考えたのである。

「私どもの経営も順風満帆といっていいときでした。東北では、東北電力や七十七銀行に次ぐ企業規模の優良会社だといわれて、株価も四千百円前後と好調だったんです。でも、会社というものはいつか潰れるのではないかと危機感があった。まず、二番目の兄に相談すると、『そのとおりだと思う。潰れる要因は経営者の驕《おご》りだ』と意見が一致しました」

　同族経営から脱し、新しい企業経営へと突き進んでいこうとの善興の決断に、三人の兄弟がみな賛成した。翌二〇〇六年、７＆ｉＨＤの完全子会社となって上場廃止に踏み切り、ヨーカ堂と並ぶスーパーマーケット事業の中核に、ヨークベニマルは堂々と据えられた。

## 鈴木敏文からの注文

「これから非常に厳しい時代になります。いまこそ、グループの持っている開発力とスケールを活かして、圧倒的に価値のある商品を協力してつくるべきではないでしょうか」

　大高は、７＆ｉＨＤ各社トップが箱根に泊まりがけで集まる戦略会議でそう切り出した。

チェーンストアが独自に開発するＰＢ商品づくりに７＆ｉＨＤ全体で乗り出そうという呼びかけである。過去にイトーヨーカ堂もＰＢ商品づくりを試みてきたが、成功を収めたとはいえぬ結果で尻すぼみとなっていた。イオンをはじめとする競合大手に、ＰＢ商品の開発では明らかに後れをとっている。そのことに、やはり大高は危機感を抱いていた。

　幹部たちからの意見は否定的なものが多かった。揺らぐことなく大高は訴えた。

「もちろん、明確なコンセプトとめざす品質を達成させる組織と仕組みがなければ実現できません。ナショナルブランド商品を、単にラベルを張り替えただけで売るというものではだめです。原料から技術と製造、販売に至るまで、しっかりとした哲学と理念を持って取り組まなければ実現できません」

「おっしゃるとおりですね――」

　そう議論を引き取ったのは、グループの総帥である７＆ｉＨＤ会長、鈴木敏文であった。そして、「大高さん、あなたがリーダーになってやってください」と即断即決した。

　鈴木の注文は、単純明快にしてハードルの高いものであった。

　他社の真似をしない。顧客の求める潜在的なニーズを徹底的に追求する。そして、絶対に、安さではなく品質を、食品は味、美味しさをなにより重視しなければならない――。

最も困難と思われたのは「一物一価」という鉄則であった。７＆ｉＨＤは、百貨店のそごう、西武などを擁していた。一等地に建つ百貨店と地方のスーパーマーケット、コンビニエンスストアでは、当然、店舗運営のコスト構造がまるで異なる。しかし、７＆ｉＨＤの独自開発ＰＢ商品と銘打つ以上、傘下の全店舗で同一価格で売らなければならないという大号令である。鈴木は「これを実現するのは難しいですよ」と厳しい表情で語りかけた。

大高が開発リーダーとなり、各社から集められた総勢七十六人でＰＢ開発プロジェクトがスタートした。

郡山から毎週、東京・四ツ谷駅に近い７＆ｉＨＤ本社ビルへ通い詰める生活が始まって半年後の二〇〇七年五月、セブンプレミアムの第一弾となる新商品が発売される。カップ麺やパック総菜、飲料、スナック菓子など四十九品目がラインナップされた。

「私はパック詰めのポテトサラダの開発を担当しましてね。主にスーパーマーケットで販売する計画で一日七万パックの生産体制をつくったら、二万店を持つセブンイレブンの井阪（隆一）社長（現・７＆ｉＨＤ社長）が『うちでも売らせてください』といってきた。早速、セブンでも売り始めたら、一日二十万パック売れるようになっちゃいました」

セブンプレミアム商品は、現在では四千品目にまで増え、７＆ｉＨＤ全体で年間一兆五千億円を売り上げる高利益率の大黒柱に成長した。ヨークベニマルでも大いに売れる。

「食品の売上高に対するＰＢの比率は、部門別に二二％から二九％ほど、粗利益になると三五％を占めるまでになりました。より新しい生活提案ができるようにいっそう努力をつづけます」

ただ、コロナ禍によって、福島を離れることを自粛し、二〇二〇年の春から半年ほどの間、一度も東京の７＆ｉＨＤ本社へ赴けずにいた。

「東京に行かなくなった分、福島にいて店を回ったり本社や工場に顔を出したりすることが多くなったので、あちこちで煙たがられてますよ」

たしかな手応えを得て、馬力のみなぎる経営者はとてもじっとしてなどいられない。

## 東日本大震災とコロナ禍と

社長在任中の「試練」として、大高善興には挙げずにはおれないことがある。

あの二〇一一年三月十一日、毎月第二金曜日に開かれるセブンプレミアム開発チームの全体会議のため、大高は、都心の７＆ｉＨＤ本社ビルにいた。交通網の麻痺した東京からとても抜けられず、翌日の午後九時過ぎになって、ようやく郡山に戻ることができた。

「翌朝五時に起きて、市内にある富久山店に行きましたら、天井も壁も崩れ落ちて、青空が見える瓦礫の山になっていました。次々と店舗へ歩いて行きましたが、どこも悲惨な光景です。会社が潰れるとはこういうことかと震えてなりませんでした」

とくに被害の大きかった宮城の石巻周辺の店舗では、従業員二十四名と、その家族百四十九名を亡くした。当時あった全百七十店のうち百五店が全半壊の状態であった。

本部の従業員が中心となり、誰にいわれるでもなく総出で救援にあたっていた。毎朝六時にマイクロバスに分乗して発ち、午後十一時ごろ、くたくたになって身体を引きずるようにして本部へ戻ってくる。その姿に、涙がこみ上げてならなかった。このようなときに人の役に立てるほど幸せなことはない、これが最後の仕事になってもいい——そう胸に秘めながら、本部で指揮を執り、私費も投じて地域住民へ食糧や物資の供給をしつづけた。７＆ｉＨＤ各社の迅速で手厚い支援は心強く、あのとき社内の反対を押し切ってまで経営統合の決断をしたことは間違っていなかった、と思いを深めた。

五十日でほとんどの店が再開した。福島原発事故の被害から閉じざるを得ぬままの県内の五店舗を除いて。

いまはまた別の試練に耐えている。

「たいへんな状況ですが、マスク、手洗いと消毒、距離を置く、とにかくこれを全員で徹底する。『ABCだ！』といってるんです。当たり前のことを、馬鹿みたいに、ちゃんとやるんだ、と」

## 経営学は教えられても、経営は教えられない

後継者の育成は社長の最大の責務といえよう。生え抜きの優秀な人物に引き継げたことに、安堵し、喜んでいる。同時に、ほのかな期待も芽生えている証左なのであろう。子息について、問わず語りに話した。

マーケティング論の第一人者として知られた慶應義塾大学教授の村田昭治（故人）のゼミに学んだのち、二十八年間、伊藤忠商事で食料を専門として腕を磨いた長男の耕一路が二〇一九年四月、ヨークベニマルに入社している。名は、敬愛する宮沢賢治の詩の一節から父自ら授けたそうである。郡山市内にある堤下店の店長を務めており、二〇二〇年三月、執行役員にもなっている。大高は、毎朝早くから店へ出勤している息子について語りながら目を細めつつ、「経営学は教えられるけれど、経営は教えられない」とつづけた。

「どうしたらお客さんに満足していただけて、どうやったら利益を出せるのか、自分で考

えなさいといっています。そして、現場で働いている人たちの気持ちがわからなきゃ経営はできんよ、と。後継者になるかどうかはわかりませんですがね」

　いくつもの難局を乗り越えてきた。強気の姿勢を、飄《ひょう》として崩さない。

「東北地方は年に一％強の人口が減って、高齢化も進んでいる。私どもは、歩いて十分、車で五分という限られた商圏で、郡山でシェア三割、福島県では二割ですよ。地域ナンバーワンの店で、シェアは五割をめざします。これから五年や十年は出店に忙しいし、あと五百店舗くらいはできる。まーだまだ大丈夫です」

　温和な福島弁に耳を傾けて三時間が過ぎるというのに、趣味の話題ひとつ出てこない。仕事以外に興味のあることはないのですか、と訊ねると、「趣味がないんだよね」と空とぼけたような声が返ってきた。ふと思い出したように穏やかな笑みを浮かべる。

「あ、僕、ゴルフは好きだな。ハンデは8なのね」

　なんとシングルプレーヤーではないか。それでも、「暇があるなら店に行く。楽しいんだ」といい、グリーンを歩くより、店を歩くことのほうがまだまだやめられそうにない齢八十である。

## 追記

二〇二三年三月現在、ヨークベニマルは二百四十六店を展開している。

二〇二二年三月、ヨークベニマルは子会社のライフフーズを吸収合併した。

本書の編集が最終過程に差しかかっていた二〇二三年三月、イトーヨーカ堂創業者の伊藤雅俊７＆ｉＨＤ名誉会長が老衰のため、九十八歳で天寿をまっとうされた。生前のご厚誼に深謝するとともに心よりご冥福をお祈り申し上げたい。

サイゼリヤ

# 正垣泰彦会長

## 国内千店を超えるイタリアンの店舗モデルは母が導いた「教会」。

### 「儲けようと思ったこともない」

イタリアンレストランチェーン「サイゼリヤ」が二〇二〇年六月、コロナ下での対応策の一つとして、来店客と従業員のレジでの接触機会と硬貨の取り扱い量を減らすべく、年間約二千五百万食を売る看板商品の「ミラノ風ドリア」を七月一日より消費税込み二百九十九円から三百円に変更するなど、末尾を0にそろえた全面的な価格改定をすると発表した。一円、五円、十円硬貨の使用を減らし、取り扱い硬貨量の八〇%削減を目標に掲げる。

国内で約千百店舗をチェーン展開するサイゼリヤが店内メニューの差し替えやレジの設定、従業員マニュアルなど、たいへん手間のかかるはずの変更作業を一斉に断行して、このような改定策に打って出る辺りに、非常にシステマティックで科学的な企業風土を見た。ミラノ風ドリアは、一九九九（平成十一）年に四百八十円から二百九十九円へと一気に四割近く値下げしたことで、いっそうの人気を博していた。このたびの価格改定で一円単位とはいえ値上げになるが、ＳＮＳなどでは若者を中心とするサイゼリヤファンから、素早く合理的な決定に賞賛の声が集まった。三十三都道府県にチェーン展開するほか、中国などの海外に約四百店を拡大中で、年商は約千六百億円を上げていた。

ミラノ風ドリアは、一九八三（昭和五十八）年の発売以来、少なくとも一年に十回は、原材料や調理・加工など何らかの変更を実施してきた。単純計算でざっと四百回の改良を重ねていることになる。客はいつも変わらぬ馴染みの商品だと思って食べているが、飽きられることのない創意工夫を怠らないからこそ、長く支持されて定番たりえているのである。創業者で代表取締役会長の正垣泰彦は、「変えるのは簡単な理由からですよ」と淡々と話す。

「売れていれば変えたりなんかしない。売り上げの結果が数字ではっきり出るからね。売れなくなるのはありがたいよ。だから、どんどん改善して、よりおいしくなるんです」

東京理科大学の物理学科を卒業している。二〇二一年の取材時は、まもなく七十五歳になろうとしていた。話を聞いていると、素粒子に熱エネルギー、作用反作用、エントロピーの法則、ニュートリノ、ついには相対性理論と物理用語が次々に飛び出す。眼鏡越しの眼《まなこ》が爛々としている。

本論に戻って少し紹介すると、サイゼリヤのグラスワインは白・赤ともに驚くことなかれ一杯百円である。しかも美味い。「サイゼ飲み」なる造語まで広まっている。

「安いけど酸化値が低い最高のワインを出している。冷蔵コンテナで日本に持ってくるわけね。ワインは温度と湿度の変化、それから振動と経過時間によって劣化する。サイゼリヤでは昼間からワインが飲まれている。おそらく回転が日本一早いんです。いつも新しいワインがテーブルに運ばれてくる。だから、より酸化しないの」

ランチのメニューでは、ハンバーグに、ライスもしくはパン、前菜のサラダ、おかわり自由のスープバーが付いて税込み五百円と、なお徹底している。安かろう悪かろうの商品とサービスであったなら、国内で一千を超える店舗のチェーンになどなるはずがない。

「いまのコロナも不況もそうだけど、お客さんが来なくなったり、売り上げが落ちたりして、嫌なことがいっぱい起きるでしょう。そのときこそ、商品も働き方も改善しなきゃいけない。だから、困ったときこそ最高なわけ。ピンチはチャンスというでしょう。ピンチは、それまでの自分を変えるチャンスなんですよ。最悪のときこそ最高なの。他人《ひと》は変えられなくても自分は変えられる。自分が変われば、見える世界がまるっきり違ってくる」

工場を併設した本社を埼玉県吉川市に置き、都心には東京本部オフィスを構えている。その東京オフィスの小さな一室で、キャスター付きの背もたれ椅子に座って、両足をぶらんぶらんと子どものように揺らしながら、雑談でもするように独特の経営観が繰り出されてくる。数理学の教養を豊かに持ちつつ、「商品のコストなんて考えたことない」、「儲けようと思ったこともない」と、その語り口は融通無碍《むげ》である。

## やんちゃなガキ大将

一九四六年、兵庫県の中部に位置する生野町（現・朝来市）に生まれた。正垣は「いつも山奥を駆けずり回っていた」と回想する。

小学二年の十月、父の仕事の都合で東京・荻窪に転居する。関西との言葉の違い以上に正垣を戸惑わせたのは、東京は大人も子どもも総じて物静かで外面《そとづら》のいいことであった。

父の英夫は、知的障碍者《しょうがいしゃ》の学校を運営したりしていた。慈愛あふるる篤志家のように思えるが、妻以外の女性との間に次々と子どもをもうけるなど、奔放で気ままな男であった。

母のとみえは、英夫に後妻として嫁ぎ、先妻の子、自ら産んだ泰彦とともに、夫が外で生ませた子まで引き取って、分け隔てなく育てるという、なんとも慈悲の深すぎる、クリスチャンでありながら神社仏閣でも掌を合わせる謙虚な女丈夫であった。

「おふくろは、『お父さんが悪いわけじゃない。わたしが至らないから。相手の女性にも申し訳ない』なんて本気で話す人だった。親父を恨んだことは一度としてなかったと思うね。およそ我欲というものを感じさせない人だった」

東京の小中学校時代、おとなしい都会っ子を従えるようにガキ大将となった正垣は、ときに警察沙汰まで引き起こすやんちゃな問題児であった。

「きちんとした家が並ぶ道の塀の向こうに柿が生《な》っているでしょう。みんなに食べさせてやりたいな、と思うと、自分のことなんてそっちのけで、勝手に庭に入ってのこぎりで木を切り倒しちゃう。友だちと麻雀を覚えて遊んでいると、みんな寒いだろうなと思って学校の灯油ストーブを持ってきたりして、しょっちゅう、先生たちに迷惑をかけてた」

己の利得を計算する前に、友だちを思いやって突飛な行動に出て、周りの大人たちが右往左往させられる。会社の採算を度外視し、客へより安く商品を提供することを宣言して、幹部たちが慌てふためく。そのようにして、正垣泰彦は生き、サイゼリヤは発展してきたといえるのではないか。なにより、友だちも、そして客も、驚きながら喜んで喝采した。成績が芳しいはずはない。高校時代、数学と物理だけは得意で、文系科目が苦手であった。そこで、得意二教科と英語の三科目で受験できる東京理科大を受けて合格を果たす。

さまざまなアルバイトをして忙しく、ろくに大学へ行かなかった三年生の春、当時、自宅のあった新宿に、一年中、アルバイト募集の貼り紙を出している食堂があった。気になって面接を受けてみると、いつも混雑していて仕事がきついので、みなすぐに辞めていってしまう、と店主は嘆いた。納得し、働くのを断って店をあとにするのではなく、「じゃあやってみるか」と常識とは反対の発想をし、行動に移すのが正垣泰彦という男なのである。本人は「これが運のつきで、いまに至っちゃった」と笑いもせずに振り返る。

ビルの四階にある食堂で、みなが嫌がる皿洗いを率先して引き受け、閉店後には大きなバケツに五つほどにもなる生ごみを一人で一つずつ担いで一階まで階段を降りて運んだ。

大学へはろくに通っていなかったが、専攻する鉛の単結晶をテーマにした卒業論文は納得のいくものが書きたかった。四年生となり、店を辞めたいと申し出ると、従業員たちから「どうか辞めないでくれ」と引きとめられる。働きぶりがそれほど認められ、頼り甲斐のある陽気な性格が人望を集めていたのである。しかし、このままアルバイトをつづけていては、卒論を書くために必要な実験の時間をとることができない。事情を説明すると、どこかで別の食堂を開いてくれたらそこへ移るから頼む、と腕のいいコックや真面目な店員たちが頭を下げるのであった。もはや一従業員ではなく半ば店主として見込まれていた。

「それで、うちの親父に相談したら、知り合いがやっていて潰れそうなどうしようもない店がある、というので、じゃあやってみるか、と決まった」

## 火事から九死に一生を得る

　その店こそ、千葉県市川市にある、いまのＪＲ総武線・本八幡駅に近い「フルーツパーラー・サイゼリヤ」という洋食店であった。商店街にあり、一階が八百屋で、狭くて急な階段を上らなければならない二階の店である。コックや店員たちがそろってこの店へ移ってきた。一九六七年、正垣が店主として始めたこの店は今日のサイゼリヤの記念すべき第一号店である。旧店名をそのまま用い、やがて正式な社名ともなって現在に至る。

　コックや店員たちに店を任せて、自らは実験と卒論執筆に専念するつもりであったが、客が日に五人ほどしか訪れない。仕方なく、正垣は駅前でサンドイッチマンに立ち、チラシや割引券を配っては客を呼び込み、店が忙しいときには厨房にも立った。

やっと卒論を書き上げて卒業に漕ぎ着けたものの、相変わらず客は増えない。正垣は就職することなく、店の経営をつづけた。従業員への給料の支払いばかりが嵩《かさ》んで、赤字は膨らむ一方である。営業時間を延ばせば、ほかの店が閉店したあとに客が来るかもしれないと、深夜四時まで店を開けた。しだいに客は増えたのだが、来るのは、夜遊びに興じるごろつき者ばかりなのであった。ついには客同士がその場で喧嘩をおっ始め、店内のストーブを持ち上げて投げ合うという修羅場に至り、店は火事になる。とにかく客を、そして従業員を外へ逃すことだけを急ぎ、最後の一人となった正垣は、意識朦朧《もうろう》のまま窓から外へ飛び降りて九死に一生を得た。客と従業員たちが煤まみれの正垣を取り囲んで咽《むせ》んだ。

消防署の事情聴取を受けるなどした翌日、電車に乗るわずかな金さえなく、歩いて新宿の自宅へくたくたになって帰ると、母に、ことの次第を報告した。さすがにうんざりして、

「もう店をやめる。サラリーマンになって、何年かかってでも借金を自分で返す」と。

正垣は、「本当に不思議なおふくろなんだよなあ」と、そのときの情景を思い浮かべるような眼差しでつづけた。

「おふくろが『せっかく火事になったのだから、大家さんに頼んで、また店をやりなさい』っていうんだよ。なにいってんだろ、と思ったよね。でも、自分の前に起きるのは全

部いいことなのだから、またやりなさい。逃げたらもったいない――って何度もいうわけ」

母の強い勧めに背を押されて再起を図ると発起し、店の大家にかけ合った。全焼した店の再開にあたり、再建費を最小限に抑え、商店街に競合のない店にしようと正垣は決めた。洋食屋はむろん、日本食屋やラーメン屋、とんかつ屋はすでにあった。洋食にはフランス料理の要素が取り入れられ始めていた。漠然と、残るはイタリアかスペインか、と考えた。

他の商店街を見て歩いたり、飲食店の食べ歩きをしたりして先行きを決めそうなところだが、正垣のとった行動と思考は物理学を専攻した学究肌らしいものであった。

図書館に通い、戦後、国内で消費量が増えている食材を調べると、にんにく、小麦粉、トマトなどが上位になっているとわかった。一階は八百屋だから野菜を仕入れられるしと、サラダを主力商品に据え、イタリア料理店として再興することを決める。スパゲッティから始め、ピザ、さらに、一階の八百屋には夕方になると、あさり売りが来ることから、ボンゴレもメニューに加えた。

「ピザも、ボンゴレも、日本で最も早く扱ったほうだったと思うな」

しかしながら、やはり客足は少ない。正垣は、自らの努力と工夫が実らぬ経営の内情を否定的にばかり見ていることに気づき、まるきり反対に考えてみた。自分の目の前で起きているのはすべていいこと、という母の教えとともに。

立地は最高にいい。入口の階段の場所はわかりやすい。八百屋やあさり売りから新鮮な食材を仕入れられるのに、美味くない商品を高い価格で出していた……。

思い切って、値段を五割引きにすると、客が少しずつ増えていった。さらに七割引きにしたら、一階の八百屋の前を取り囲むように客が行列をなした。急増した客の注文をさばききれず、メニュー数を人気に応じて減らして絞っていった。それでも、品切れとなり、やむなく閉めた店のシャッターを客たちは「開けろ」と叩いて騒ぐ。近くにもう一つ店を出して、客の要望に応えたいと思案する。商品の種類は単に増やせばいいのではなく、売れ行きに応じて絞り込みながら減らしていくというのは、今日、レストラン業だけでなく、広く小売業経営の定石である。繁盛して需要に応えるのが難しくなったら近いところに新店を開いて客足を分散させることは、ドミナントエリア出店といい、近代チェーン経営の初歩となっている。いまでは常識であるこうした一つひとつを、起きているのはすべていいことなのであり、お客と働く仲間のためになる、という思いから、正垣は実行していた。

一九七五年九月、同じＪＲ総武線の隣り、市川駅の南口近くに二号店をオープンする。

店子が夜逃げするほど悪条件の物件だったが、一号店の再興で得た教訓によって出店を迷わなかった。最悪の場合こそ最高なんだ、目の前に起きるのは自分にとっても周りの人にとっても全部いいことなのだから――と。

二号店も大繁盛し、つづいて一九七七年十二月、こんどは市川駅の反対側、北口に三号店を出し、サイゼリヤはいまでいうチェーン化を図っていく。

第三号の市川北口店には、早くも十店舗以上に増える将来を見据え、原材料の加工や調理をあらかじめ一か所に集中させて合理化するセントラルキッチンを併設した。店舗の厨房での最終調理作業を減らし、従業員の負担軽減を図ることを考えたからである。店舗での調理作業が少なければ少ないほど料理の味と品質も安定する。いまや、国内で一千を超えるサイゼリヤ各店の調理場には、包丁が一つとしてない。直火を扱うガスコンロもない。

## 母の信仰に導かれて

四十歳を過ぎた一九八〇年代の終わり、日本のチェーンストアに大きな影響を与えた著名なコンサルタント、渥美俊一（一九二六―二〇一〇）の率いる経営研究団体「ペガサスクラブ」に入会する。渥美は、欧米、とくにアメリカの企業の先行成功例をそっくり真似た店づくりの標準化によってチェーンストアを百店、五百店、一千店と展開し、日本の大衆により便利で安く豊かな生活を提供せよと説いたことで知られる。

サイゼリヤは、一九九二年に計五十店に、九四年には百店に達し、拡大をつづけた。渥美とペガサスクラブの指導から得たことは少なくなかったろうが、あえて視点を変えて推論づけてみたい。母とみえの存在が経営者正垣泰彦を形づくり、ひいてはサイゼリヤの企業風土を築いて今日へと成長の軌跡を描いたのではないか、と。

一九九五年二月、愛知県尾張旭市に、百三号店としてベルコート尾張旭店をオープンしたのは、その最たる例である。イタリア・フィレンツェの教会をイメージしてつくった初めての店舗である。日曜礼拝などを例にとりながら、正垣はこう話した。

「世界でいちばん標準化された建物は教会でしょう。誰もが一週間に一回行くのに堪《た》えられる。三角屋根で、天井が高くて圧迫感がない。汚れが目立たない壁の色、床の仕様。イタリアの建築家に来てもらって、教会をモデルにして、店舗のテーブルや壁の色、ワインのラベルまで、コーディネーションしていったの」

若いころからイタリアへ貧乏旅行に出かけ、本場の料理を少しずつ味わってきた。そして、母の信仰に導かれるように、敬虔な信徒たちがかしずく、社会的地位や貧富の差もなく温かに安らげる集いの場である教会も、よく見て回った。正垣がサイゼリヤのチェーン展開を通じてなしてきたのは、かしこまった装いと大枚を強いる値とは無縁に、誰でも楽しめる上質なイタリア料理を、手軽なレストランとしてこの国に広める布教活動であったのかもしれない。

千葉県に置いていた本社を、前述のように埼玉・吉川に移すのは、一九九七年十月のことである。

翌一九九八年の四月、株式の東京証券取引所公開を果たした日、母とみえに、「あんた、これをおでこに貼っておきなさい」と一枚の紙を手渡された。アメリカの南北戦争に従軍した兵士がしたためたと伝わる詩が母の字で綴られていた。「祈り」と題されたそれに、次のような一節があった。

《世の人の賞賛を得ようとして、成功を求めたのに、得意にならないようにと失敗を授かった》

母の戒めであり、願いであった。

右肩上がりの成長をつづけ、二〇〇一年に五百店、〇三年に七百店、そして中国に進出を果たす。一一年、東日本大震災で多くの店舗が被害を受けながら通算一千店を達成する。

経営の蹉跌《さてつ》も、あるにはあった。

リーマン・ショックの起きた二〇〇八年、サイゼリヤは、オーストラリア産食材の輸入にかかわる為替リスク回避を目的とする通貨取引（金融デリバティブ）で約百七十億円の巨額の評価損を負い、本業では前年同期比で増収増益であったにもかかわらず、最終的に赤字決算に陥った。二〇〇九年、正垣は、自らスカウトした京大大学院卒で味の素出身の十一歳若い堀埜《ほりの》一成《いっせい》に社長職を委ねて退き、会長に就いた。創業社長の引責辞任と大きく報じられたが、当時六十三歳だった正垣は、「あれもチャンス到来だったの」と平然として表情も変えない。

「俺には最高だったんだよ。ついに来ました社長を辞めるときが、って。うれしかったなあ。周りには止める人もいたけど、いちばん損失が大きいときにあえて損失処理に踏み切って、けじめをつけました。身内は会社に入れないと決めてきたし、社長にはふさわしい人に就いてほしかった。なぜかっていうとね、宇宙のあらゆるエネルギーというものは――」

堀埜社長体制以後もサイゼリヤの業績は好調で、イタリアンチェーンとして四桁の国内店舗数を誇る。ファミリーレストランについての消費者調査でも、屈指の支持を集めている。

## テーブルレストランの使命

「熱エネルギーというのは熱いほうから冷たいほうにしか行かない。それから中心というものがないの。水も高いほうから低いほうへ流れるでしょう。これを調和とか平均という。エネルギーって、調和するほうへ流れるわけ。ビジネスだってエネルギーなんです。その性質には逆らうことができない。だから、何のためにビジネスをやるのかというと、お金がある人より、ない人の方向に行くからなの。もっと簡単にいえば、お金がなくて食べるのに困っている人、おいしいものが食べられない人のためにやればいいに決まってる」

　このような考え方がサイゼリヤの基本理念「人のため・正しく・仲良く」に定まった。

　正垣は、サイゼリヤでパートとして働く女性から届いた手紙に涙したことがあると、ふいに明かした。主治医から余命一週間と宣告され、長く摂生を強いられてきたらしい末期がんを患う知人が友人をたくさん連れて店に来た。一杯百円のワインをみなに勧め、あろうことか病身の自ら幾杯も飲み干しながら、酔って上機嫌になりつつ、これまでありがとう、と泣いた。そのように綴られていた。

「これを懺悔というのね。人間って、死ぬ間際の最期に懺悔ができることで幸せになるの。そんなときに、高くて、まずいものを食ったら、喧嘩になって仲良くできないでしょ」

「まだ仮説だけど」と前置きし、「テーブルレストランの使命って、究極的にはそんなところにあるような気がするの」とつづけた。

「家族や友だちと美味しい料理を楽しく食べたら、自分の悪いところを素直に話せるようになる。心の中に詰まっているものがすっと出てくる。儲けることなんて考えなくていい。安くて美味しいものを出して、人が楽しく集まれる場所――サイゼリヤはそうありたい」

多分に失礼と承知しつつ、つい、余命一週間と宣告されたら何をしたいですか、と訊ねた。正垣は、キャスター付きの椅子を左右に揺らしながら、弾ける表情を見せた。

「俺、友だちを大勢サイゼリヤに集めて、真っ昼間からワインを飲みながら、みんな、いままでごめん、って懺悔したいな」

追記

二〇二二年八月現在、サイゼリヤは国内の三十六都道府県に一千六十九店、海外で四百七十八店を展開する。

ダイソー

# 矢野博丈 創業者《ファウンダー》

## 「将来を怖がる力」が生んだ"百均"サクセスストーリー。

### 潰れる怖さから必死に逃げてきた

広島県東広島市内の工業団地の一角に小ぢんまりとあった大創産業の本社を初めて訪ねたのは二十五年前、一九九五（平成七）年の夏のことである。百円ショップなるものが大衆のブームとなり始めたころのことで、本社も、商品がうずたかく積まれている倉庫兼物流センターも、急ごしらえの掘っ立て小屋同然のプレハブ造りであった。安手のパーテーションで仕切られたあちこちの狭いスペースで、従業員と取引先の商談がわいわいとにぎやかに進められており、伸び盛りの急成長企業とはかくあるやと妙に感心した。

歩けばミシミシと音がする本社の廊下を、社長の矢野博丈は、サンダル履きで駆けていた。間仕切り越しの商談ににゅいと顔を突き出し、「安うしてな」、「しっかり商談せいよ」と取引先にも従業員にも声をかけながら、私の待つ間仕切りスペースにどっかと腰を下ろした。

「仕入れっちゅうのは格闘技だと、従業員に教えとるんです」

そのとき矢野が差し出した名刺には、《１００円均一のトップカンパニー　ＤＡＩＳＯ》というコピーとロゴとともに、《◆売上高１１５億円》と印刷されていた。実際の大創産業は年商三百億円突破が目前となっていた。会社の急激な成長に、名刺の印刷が追いついていなかった。むろん、駆け出しの雑誌編集記者であった私が四半世紀も前に本社へ赴いたことを矢野が覚えていようはずもない。

このたび、話を聞く場所として冬の午後に指定されたのは、東京湾に面して建つタワーマンションであった。天井は六メートルはあろうかという高さであり、海側は壁一面が強化ガラスとなっていて、羽田空港を離発着する飛行機、レインボーブリッジ、築地からの移転でなにかと話題になっている豊洲の東京都中央卸売市場が一望できる。矢野は窓からのまぶしい景色を眺め、「海はええのう」と呟《つぶや》いている。地べたを這《は》いずり回るような苦労の果てに巨万の富を手にした成功者の、これはこれでひとつのリタイア後の暮らし向きというものなのであろう。

古い思い出と記憶を辿りつつ、あのころは本社も倉庫も質素でしたね、と語りかけた。矢野は、丸顔の眉根を寄せながら「あの時代があるから、強うなって、いまがあるんです」と語気を強めた。持参した少し黄ばんでいる二十五年前の名刺を、矢野に見せてみた。驚いた。「うわー」と懐かしそうに眺めた矢野が「あのころを知っておられるんですか……よう働きましたわ……ありがたい」と絶句し、金縁の眼鏡をずり上げながら、涙をぬぐい始めたからである。「潰《つぶ》れる怖さから必死に逃げてきた」と。

「あのころはとくに、わし、『うちは潰れる』、『うちは潰れる』いうておったでしょう。この商売をやめとうてやめとうて仕方なかった」

四半世紀の星霜、また、人と世の移り変わりというものを考えさせずにおかなかった。

## 名刺の肩書は「怪鳥」

百円ショップ「ダイソー」の名を知らぬ人は日本にいるまい。国内で約三千五百、海外でも二十六の国と地域に合計で約二千三百もの店舗を展開し、いまや「ＤＡＩＳＯ」のロゴは世界中に広がりつつある。

二〇一九年度の年商を五千十五億円と公表している大創産業だが、後発の同業であるセリアやキャンドゥと異なって株式非公開会社であり、経営にまつわる詳細なデータを徹底して明かさない。あとは資本金が二十七億円と公表しているくらいである。株主の構成も非公表だが、おそらく資産管理会社や各種財団なども通して、その多くは矢野博丈の影響下にあると考えるのが常識であろう。

往時、プレハブ造の本社を駆け回ることに忙しかった矢野も、喜寿を迎えていた。先年、無理と不摂生が祟って二度も脳梗塞に倒れながら、幸い大事に至らずに済んだということも、矢野博丈の人生観を変えずにおかなかったろう。

仮に百億円あろうと一千億円あろうと、人はそれを冥途の道連れにすることなどできぬ。老境に差しかかり、無病息災ならぬ二病息災を実感しているであろう矢野博丈に、この際、自慢でも放言でも聞いてみようではないかという気でいた。と、会話を重ねた途端に四半世紀前を否が応でも思い返す仕儀に至った。

「これは、わしの親父からの、おでんじゃなくて遺伝……」

相変わらず、しょうもない駄洒落が繰り出されてきたからである。

かつて、東広島のプレハブ造の本社で向き合ったとき、山積みの段ボール箱を指さして、矢野は「こうやって在庫がたくさんあるとうれしいんです」と目尻を下げて相好を崩した。倉庫が商品であふれかえることを、経営者はたいてい嫌がるものである。資金繰りがそこでだぶついていることを意味し、収支悪化を招く大きな要因ともなるからである。矢野の持論は、会社経営の常識と異なるように思えた。確実に売れる商品だけを大量に仕入れているという自負からであったろうか。在庫の山が現金《ゲンナマ》にでも見えていたか。

　在庫を大量に抱えることでダイソーにどんなメリットがあるのですか、と訊ねるや、矢野は真顔で「シャンプーでっか？　リンスでっか？」と問い返してきた。商品名のことか、と気づきながら無視して、問いを繰り返した。ダイソーにどんなメリッ……と、こんどは言い終わらぬうちに「シャンプーでっか？　リンスでっか？」と、なお食い下がって譲ろうとしない。ありきたりの答えでは面白みなぞないし、上り調子で勢いづく経営者にやすやすと一本を許してなるものかと意地になった若造は、とっさに「リンスインシャンプーでどうでしょう」と捻《ひね》り出した。矢野は、ゴリラのような顔をくしゃくしゃにして「ぐは」と笑い、「で、なんの話でしたっけ？」と惚《とぼ》けた様子を装って真顔に戻るのである。万事がこの調子で、駄洒落につきあっているうちに問いは少しずつはぐらかされ、話題の核心は微妙にずらされていくことになる。

「わしは、人を喜ばせるのが好きなんですよ。笑わせるのが好きで、驚かせるのが好きじゃけえ。笑うてもらうことが商売より好きなんです。無上にうれしい」

四半世紀前にプレハブの本社でも聞いたのと同様のことを矢野は何度も口にした。

大創産業の社長の職は、二〇一八年三月、次男の靖二に譲り、自らは代表権のない会長に就いた。翌一九年の七月にその職を降りるまで、名刺にもジョークを持ち込んで「怪鳥」という肩書を刷っていた。受け取った相手は目を白黒させ、矢野の顔と名刺を交互に見比べる。すぐに評判は広まり、行く先々で矢野の前には名刺を欲しがる人が列をなした。

自らを笑われ者にすることで人を笑わせ、道化を演じているようで、相手を戸惑わせながら己の懐に搦《から》めとる人心収攬《しゅうらん》の術《すべ》に長《た》けた、ただならぬ男、それが矢野博丈である。

――お手洗いを借りてもいいですか。

「借りてもいいけど、使わんようにしてね」

## 姓名判断で改名

「頭が悪い、能力がない、運がない――」

矢野は、自らを称し、耳にたこができるほど、そう繰り返した。

「儲けたいと考えなかった。めしが食えりゃええ。生き延びたい、みんなにいい思いをさせたいと、その一心で商売をやめんかっただけです。でも、頭じゃ経営はできんけんね」

一九四三（昭和十八）年四月、中国・北京に生まれる。元の名を栗原五郎といった。五男三女の末っ子である。敗戦を機に一家は郷里の広島県賀茂郡（現・東広島市）に引き揚げた。医者の多い家系に育った五郎は成績がよく、山里を離れ、広島市内にある旧制広島県立第一中の伝統を継ぐ国泰寺中学に入る。田舎言葉を級友たちに笑われ、陰湿な嫌がらせを受けた五郎は、町のボクシング道場へ通い、不良たちに取り囲まれてもパンチ一つで次々と打ちのめす腕力を身につけた。高校に進んでもボクシングをつづけ、三年生のときには東京オリンピックの強化選手に選ばれている。だが、東京のジムでプロのレベルの違いを見せつけられ、ボクシングで身を立てることを諦める。

「あのままボクシングをしおったら、わしはいまのように毎日三度のめしを食うことはできんかった」

そして、「殴ったほうは忘れるけど、殴られたほうは覚えとるけえ。怖いよね」とも話した。リング上での拳闘を意味してはいない。

大学進学へと方向転換を図ったが、学業を怠っていたために成績は低空をさまよっていた。一年間の浪人の末、いくつかの大学の学部学科を合わせて十七受けて、唯一受かったのが中央大学理工学部の土木工学科（現・都市環境学科）の二部、つまり夜間であった。

入学後は、生活費と学費を稼ぐため、とにかく朝から晩までアルバイトに明け暮れた。さらに、わずかずつでも貯金をすることに努めた。「将来を怖がることがわしの原動力だった」という経営者の素地は、学生時代にすでにあった。

在学中、学生結婚したのを機に、相手の苗字を名乗って矢野と改姓する。

タワーマンションで話を聞いていたとき、矢野はテーブルの上のメモ用紙にボールペンを走らせてみせた。

《栗　10》、《原　10》――。

「字画なんよ。どちらも10、合わせても20。結局、0になる。医者とか弁護士、俳優とかの一代限りの仕事にはいいんじゃが、後継ぎが必要な商売には向かん字画なんよね。豊臣秀吉の豊臣は20画、石田三成の石田は10画よね。後を継げないようになっとるんよ」

のちに会社を興して社長を名乗っても、生来の親しみやすさもあって誰からも「五郎ちゃん」と気安く呼ばれるのが嫌で、姓名判断により、名も、幸運と教わった博丈と改める。

「わし、いまの名前、ええけんね。あなたも名前変えてみなさい。ええことあるんよ」

大学卒業後、広島へ戻って魚の養殖業に携わるが、三年あまりで行き詰まり、上京する。東京に来てからも、百科事典のセールスマン、ちり紙交換など、さまざまな事業で大きな失敗と小さな成功を繰り返していた。そのころ、帰宅する夜、バスの停留所を一つ分、二つ分と歩いて運賃を節約して小銭を残し、大衆紙の東京スポーツを買うのが矢野の一日のささやかな楽しみであった。

また広島に帰り、やがて行きついたのが雑貨の移動車販売である。夫婦で二トントラックに雑貨品を積み込んで、空き地や公民館など、全国を移動する。瓶ビールのケースを置いた上にベニヤ板を敷いて、商品を並べて売るのである。

「中古のトラックを十万円で買うた。売り場の家賃は要らんけえ、とにかく大量に仕入れて、安く売った」

一九七二年三月、二十八歳のとき、矢野商店を創業する。移動販売はサーキット商売と呼ばれて半ばブームとなり、商売敵も増えていった。担ぎ屋に香具師《やし》、詐欺師まがいも入り乱れていた。

「同じ条件なら、日本一売る業者になろうと思った。よそが百種類出すなら、わしらは三百種類並べようとがんばった。時間も手間もお金もかかるけど、お客さんが喜んでくれるのがいちばんうれしかったけえね。常識外れのことをやってきた」

## 畳の上では死ねない

このころ、矢野は、毎晩のように、妻に「死ぬまでに年商一億になったらええのう。絶対ならんけえのう」と独り言《ご》ちるように語りかけては、ため息をついていた。

しだいに商品を並べるそばから客が集まりだし、口々に「これいくら？」と訊いてくるようになる。いちいち答えるのが面倒になって、矢野は「もう、全部百円でええよ！」と半ばやけになった。これが〝百均《ひゃっきん》〟こと百円均一ショップの興りである。

「銀行も経営コンサルタントもみんな『矢野さん、この商売は長つづきしない。やめときなさい』といいました。『インフレの時代に、定価百円だなんて、たとえ全部が儲けになったとしても百円でしかない。そこから人件費、仕入れ代、場所代を払っていたら保《も》たない』いうて。わしもそうじゃと思いました。頭が悪い、能力がない、運がないというのはありがたいですね。めしが食えるだけで感謝していました。先のことはわからんかった。ただ、やれることをやってきたけんね。ダイソーは、みんなが否定することをやってきた。日本の常識から外れた経営ができたよね」

売れ筋に絞って商品を仕入れ、店頭の品種数も倉庫の在庫量も減らして効率よく販売するという小売業の常道にも、あえて背を向けた。

一九七七年、大きな会社を創りたい、せめて社名だけでも立派なものにと、大創産業と改めて株式会社化する。従業員を雇い、トラックも増やした。

「みんな、朝五時半ごろに出ていって、事務所に帰ってくるのは夜の十時半、十一時じゃろう。典型的な、３密じゃなくて３Ｋ（きつい、汚い、危険）労働じゃけえ。でも、誰も文句をいわんかった。いまの時代だったら絶対に成り立たん。時代がよかったんやろな。金はなかった。みんなに給料を払って、わしだけ給料もらえんかった。つらかったねえ」

遠方や駐車に不便な場所、地主のうるさいところなどへは、矢野が自らハンドルを握って出かけた。従業員に嫌な思いをさせたくない一心からであり、そのころの苦労について話題が及ぶたび、「両親が丈夫な身体をつくってくれたおかげ」と繰り返した。

自宅兼事務所が未明に起こった火事によって全焼するという不運にも見舞われた。大きな借金を抱え、ここまで運に見放されたかと、さすがに寝込むほどのショックを受けた。

「わしは住まいと金と女には縁がなかった。首をくるか、崖から飛び降りるか、どちらかしかない、畳の上では死ねない思うた」

兄たちの支援もあり、プレハブの事務所を建て、移動販売を再開した。売れる場所の奪い合いが同業者との間で激しくなり、トラックの駐車場の確保にも困るようになる。矢野は、意を決して、広島を地盤とするスーパーマーケット「イズミ」の本社を訪ね、店頭販売をさせてほしいと直談判した。それが実現し、一日で百万円を売るようになる。その後、ダイエーやイトーヨーカ堂、ユニーなどの全国的チェーンストアでも店頭販売で次々と実績をあげた。大手小売りチェーン経営者の間で、ダイソーと矢野博丈の名が知られていく。

代理店形式で常設店舗の運営に乗り出すのは一九八七年のことである。九一年には香川県高松市に直営店第一号をオープンする。バブル景気の終焉、「失われた十年」と呼ばれる消費不況、長引くデフレという荒波に呑み込まれるどころか、むしろそれらを追い風に変えるようにして、ダイソーは売上高と店舗網を拡大してきた。

このほど、二十五年ぶりに東広島市の本社を訪ねる機会を得た。驚いたことに、工業団地内にあるプレハブ造の建物がいまもほぼ当時のまま残っていた。現在も倉庫として使われている。車道一つを隔てた向かい側にあった他社の工場跡地が本社となっていた。

五千億円以上の年商を稼ぎ出す会社の本拠とは思えぬほど、質素な佇まいであった。ダイソーは、なんでもワンコインで買えることを最大の強みと特長としてきたが、現在では百五十円、二百円といった価格の商品も並び、二〇一八年からは三百円に価格をそろえた「THREEPPY《スリーピー》」などもチェーン展開している。しかし、百円硬貨一枚による商いから一円、二円と利益を捻出して成り立つ会社なのであるという忘れてはならぬ本業の精神がその倹《つま》しく清掃の行き届いた社屋に体現されていた。

市内にある自宅で私を迎えた矢野博丈は、目の前でいきなり塩化ビニール製のキリンの人形を手でむにゅりとつぶして、パプー！　というけたたましい音を出したり、会話中、やおらズボンのウエストからプラスチック製の脇差を抜いて驚かせたりするなど、相変わらずダイソーの商品を手にしながら、駄洒落といっしょくたにして笑わせることを楽しんでいる。だが、惨憺《さんたん》たる労苦を重ねた末に満ち足りた晩秋を手にした男は、周りを笑いに巻き込んで愉快がっているようでいて、明日が不安で眠れぬ夜を過ごしていた若い時代の記憶も手放していない。通常の大気中の百倍相当の、人体に無害のオゾンガスを発生させるという特殊な機械を備えて、新型コロナウイルスに感染する可能性がほぼゼロになるというリビングルームで、東京で会ったときと同じように、穏やかな表情のまま語り始めた。

「将来を怖がる生物は人間しかないんよ。だから、ようけがんばる。先を怖れて、老後にゆっくり楽に死にたい、いうんが人間の目標なんよね。この年になって初めてわかった」

「畳の上では死ねない思うた」という述懐を想起し、矢野さん自身もそうですか、と訊ねた。

「いま、そう思うとるんじゃけん」

自宅を出て、約一万二千五百坪あるダイソーの広島物流センターを案内される。さまざまな商品がベルトコンベアーで運ばれ、配送先の店舗ごとにコンテナに収められていく様子を眺める。どこか他人事のように「ああやって、全部、自動で仕分けされていくんよ。えらい時代になったけえ」と嘆息した。それでいて、隅々に目を光らせ、傍らのスタッフに「あの部分を、もっとこうして……」と指図せずにはいられない。「怪鳥」をやめたつもりは毫《ごう》もないのだと思わせた。このように自動化の進んだ巨大物流拠点が国内に八つ、海外の倉庫も合わせると二十五ある。取り扱い商品は七万六千アイテムを超え、同業他社の三倍といわれる。売り場面積約三百坪の標準型店ではおおむね二万アイテム強の陳列となり、同じダイソーでも近隣で品ぞろえががらりと変わる。矢野をして「在庫があるとうれしい」といわしめる独自の経営哲学がこうした強みとなって表れる。

「倉庫にある在庫の深みがほかの百均と違うところなんよ。どこにも売っとらんものがあったら、みんな楽しいし、うれしいやろ。お客さんは意外性を喜ぶんじゃけんね。だから在庫をどんどん増やしたんです。売れりゃええんじゃ、いうて。倉庫から在庫を積み込んでトラックで出荷するでしょう。これで十五万円売れた、と思う。その瞬間のうれしさが悩みも鬱屈もすべてを癒してくれる。そのかわり、わしは商品についてはうるさかった」

従業員たちに「仕入れとは格闘技」と教え込んでいたゆえんである。

かつては、《２０８　シャーペン色々》、《２０９　ボールペン色々》と手書きの紙を吊るした段ボール箱から、まさしく人海戦術よろしくパートやアルバイトの従業員が一つずつ商品を取り出して荷造りし、翌日必着を原則に全国へ発送していた。矢野が「超労働集約型作業」と呼び、「だからノウハウがない」といってのけた倉庫は、コンピューターの管理による省力化と機械化が大きく進んだ供給拠点に一変していた。

## 恵まれない幸せ

ダイソーが変わるとともに、私たち消費者も、そして暮らしぶりも変わったのではないか。ダイソーに限ったことではないが、まだ百円ショップが物珍しかったころ、売り場では「これも百円!?」という驚きの声があちこちから聞こえたものである。生活用品を百円で求める暮らしが当たり前となり、消費することに慣れ、私たちはその驚きを失いつつある。当たり前のありがたみすらも忘れた消費は驕りを招き、いつか大きなしっぺ返しを食らうことになりはしないか。

「死ぬまでに年商一億に」と願った大創産業が「いまは（全店合計で）一時間に一億売れるようになった」と感に堪えないようでいて、矢野は表情をほとんど変えなかった。

「これから日本の会社の七割が赤字になりよる。やっぱり熟しすぎた社会の跳ね返りよね。恵まれるいうことは怖いんよ。ガツガツしとった二十世紀は欲であっても商売人のすごいエンジンになったんじゃが、成熟しすぎた二十一世紀では欲はエンジンにならんようになった。いまは徳が要るよね」

　矢野は、東京のタワーマンションの窓から見える景色を睥睨《へいげい》し、下がり眉をなお下げた。

「いま、わしは毎日こうして楽に暮らして、おいしいものを食うとる。ありがたいよね。夢みたいじゃけ。十年くらい前までは、夢じゃろう思うて、よう、こうしおったんよ」

　頰をつねる仕草をしてみせた。

「こんなマンションを持って、嘘みたいや。とても自分じゃないような。いまは幸せすぎて、ようわからん。会社もそうじゃが、やっぱり人生って運じゃけえね。恵まれない幸せを満喫した。もうちょっと運がよかったら、この商売やめとるね。運がない、恵まれない、いうんは、幸せなことなんよ」

追記

二〇二三年二月末現在、ダイソーは国内に四千百三十九店、海外の二十六の国と地域に二千三百十五店を展開し、取り扱い商品は約七万六千アイテムとなっている。

キャンドゥは、二〇二二年一月、流通グループ大手イオンの連結子会社となっている。

# 第二章　継承者の矜持

CAINZ

カインズ

# 土屋裕雅会長

## 自主独立路線でも成長し続ける「ホームセンターの雄」。

### **分社独立し、ホームセンターの雄に**

二〇二〇年八月半ばの酷暑の午後、灼熱のフライパンのようなアスファルトを歩いて、日本の流行とファッションの最先端、東京・表参道の交差点にほど近い洒落た三階建てのオフィスへ向かうことから、探訪は始まった。

その真新しいオフィスを「カインズ イノベーションハブ」といい、ホームセンター業界トップで「ＩＴ小売業」へ変革すると宣言しているカインズが優れたエンジニアやＷＥＢデザイナーを集め、最新の情報を発信する拠点としてこの年一月に開設したばかりである。ハブとは中心地といった意味合いで、イノベーション（技術革新）をここから巻き起こしていく態勢を築いたということであろう。

二、三階がオフィスで、ふだんは三十人ほどのエンジニアらが働いている。通りに面した一階は商品展示スペースなどを兼ねたカフェとなっているが、コロナ禍の影響でご多分に漏れず、自主休業を余儀なくされていた。壁面はガラス張りとなっていて外から中が見える。室内の灯りがすっかり落とされ、人影はまったくない。身体中を汗がしたたる。

路肩のわずかな日蔭で時を待っていると、従業員通用口の鉄製のドアが内側からするっと開き、よく日焼けした偉丈夫が汗を拭《ぬぐ》いながら「暑いでしょう。どうぞ入ってください」と気さくに招じた。ガラスの向こうから、間抜け顔で突っ立つ私の姿を認めたらしい。あちこちの室内灯をつけて回り、エアコンのスイッチを入れた。

この好漢こそ、二十八都道府県に約二百三十店を展開し、四千四百億円以上の年商を誇るカインズを率いる代表取締役会長の土屋裕雅、五十三歳である。創業者の長男で、三十五歳から十七年務めた社長の職を、二〇一九年、自ら社外よりスカウトした高家正行に託したばかりであった。

身長百八十センチで、中年太りとは無縁の均整の取れた体型をしている。早朝に五キロほどのジョギングを日課としていると聞いていたから、浅黒い健康的な顔をしていることにも得心がいく。

カインズの本社は埼玉県本庄市に置かれているが、群馬県前橋市に本社のあるベイシアを母体とする。全国的なテレビコマーシャルでも知られるようになったカインズは、スーパーマーケットやショッピングセンターなどを展開するベイシアのグループ会社なのであると聞いても、ぴんとこない読者諸賢も少なくないのではなかろうか。カインズに、さらにワークマンとつづいたら、どうであろうか。群馬発祥のベイシアグループは、いまや〝作業服のユニクロ〟と呼ばれて人気を博すワークマン、ワークマンプラスのほか、コンビニエンスストアのセーブオン、自動車用品や家庭電化製品の専門店チェーンなどを擁する一大流通企業グループなのである。

カインズも、二〇〇四（平成十六）年に開業した上越・北陸新幹線の本庄早稲田駅前に二〇一二年に新社屋を竣工するまでは群馬県高崎市に本社を置いていた。

「いまの本社の住所こそ埼玉県ですけれど、社屋の目の前にある利根川の向こうは伊勢崎市ですし、実態は群馬の会社だと思ってください。社としてＪリーグのザスパ（ザスパクサツ群馬）を応援していますしね」

日を改めて本庄早稲田駅前の本社ビルを訪れた際、案内された屋上からは、土屋のいうとおり、上毛三山と呼ばれる緑豊かな赤城山、榛名山、妙義山が間近に見えた。

グループと呼称できるが、ベイシアとカインズは兄弟会社にあたる。カインズは第一号店のオープンから十一年がたった一九八九年に分社独立している。

ベイシア、カインズともに株式非公開会社である。唯一、ワークマンだけが東京証券取引所に株式上場しており、その株価は直近では九千円を超える高値で推移していた。

実父でベイシアグループの代表である土屋嘉雄は八十八歳のいまも絶大なる影響力を持つが、ゆくゆくはその後継に長男の裕雅が就くことを、誰も疑わないところである。合わせて三十社を超え、年商の合計が一兆円に達する企業グループを率いつつある土屋裕雅は、あくせくしたようなところをおよそ感じさせない。

## 少年期は「引きこもり」

一九三二（昭和七）年、埼玉県深谷市に江戸時代からつづく呉服店の次男として生まれた土屋嘉雄は、大学に進んで新聞社か商社に入り、世界を飛び回るような仕事に就きたいと漠然と考えていた。だが、商売の道に進むなら若いうちから修業したほうがいいと父に説得され、県立深谷商業高校を卒業すると、勧められるまま群馬県高崎市にある服地問屋に見習いとして入った。この服地問屋での四年半で商売の基礎を叩き込まれる。嘉雄は、両親の後押しもあって、一九五八年十二月、二十六歳のとき、株式会社いせやを設立して独立し、翌年六月、群馬県伊勢崎市に服地を中心に扱う衣料品店「いせや」を開業させる。

いせやの多店化を急ぐだけでなく、住関連、家電、食料品と拡充し、外食事業にも進出していった。仏壇、写真のＤＰＥ（フィルムの現像、焼き付け、引き伸ばしプリント）、さらにスポーツクラブ、旅行代理店、ゲームセンターなどのレジャー・娯楽の事業や施設経営へと業容を広げる。

土屋嘉雄の事業拡大意欲は実に旺盛であった。「いせやホームセンター」第一号店を栃木市内にオープンさせるのは、一九七八年十月のことである。中流サラリーマン家庭を中心に日曜大工や園芸などの実用を兼ねた趣味が流行り始める時代にあって、ホームセンターもブームとなって客でにぎわった。やがて発展を遂げて現在のカインズとなる。一九八〇年九月には、作業服部門を分離独立させ、伊勢崎に、わずか十六坪の「職人の店・ワークマン」第一号店を開く。

土屋裕雅は、一九六六年九月、嘉雄の長男として伊勢崎市に誕生する。姉と妹に挟まれた跡取り息子として育った。仕事一辺倒の父とゆっくり遊んだ記憶はほとんどない。ただ、時折、「将来の社長だからな」と冗談めかすようにいわれることはあった。その後ろ姿を眺めつつ、一人息子は、どこかのほほんと成長していく。自らの少年期について、「いまでいう引きこもりでした」と照れたように振り返り、「群馬は夏の最高気温が非常に高いことでいまはすっかり有名になっちゃいましたね」と何度も笑った。

冬、赤城山から吹く乾燥した冷たく強い風を「赤城おろし」と地元では呼び、より広く「上州の空っ風」といえば全国でも知られる。

「僕が子どものころは冬場に寒かったことのほうが思い出されますね。空っ風が寒かった。まだ舗装されていない道路も珍しくありませんでしたし、ちょっとした小石まで飛んでくるような強い風なんです。半ズボンで歩いていると足に当たって痛かった」

そう懐かしみながら、また笑った。育ちのいいことが語らずとも伝わってくる。

屈指の進学校である群馬県立前橋高校に進むと、アイドル歌手に熱を上げる級友といっしょになって騒ぐことはなく、吉田拓郎や泉谷しげる、高田渡といった旧世代のフォークシンガーに憧れてギターの弾き語りをしたり、バンドを組んでライブを開いたりもした。このころを回想して、「引っ込み思案なのに目立ちたがり屋だった」と、また笑い、「父はきっと呆れていたと思います」と話す。成績はさほど芳しくなく、大学受験に失敗し、予備校に通いながら、志望する早稲田大学の再受験を決めたマイペースの息子に、父は口を挟むことはなかった。大学進学を志望しながら叶わず、丁稚奉公同然に働きに出なければならなかったわが青年期を、息子の姿に重ねていたかもしれない。

## バブル期に野村證券へ

一九八六年、早大商学部に合格を果たすと、落語と狂言のどちらにするかと考えた末に後者を選び、のちの人間国宝である早大ＯＢの野村万作が設立した学内サークルの狂言研究会に入るという、少し変わった趣向で学生生活を始めて、また両親を驚かせる。決意を貫く芯の強さは静かにあり、社会人となって東京を離れた一時期を除いて狂言の稽古はつづけてきた。いまや、大学生となった長男ともども名門野村家の師範に変わらず師事する。

卒業後の一九九〇年、父のコネクションを頼ることなく、入社試験を受けて野村證券へ入る。バブル景気の最高潮の時代であり、ニューヨークで華々しく活躍することに憧れたが、配属されたのは愛知の岡崎支店であり、任ぜられたのは営業職であった。もっぱらの仕事は、いわゆる飛び込み営業である。約三年の岡崎支店での経験で、「飛び込み営業がまったく苦ではなくなった。むしろ楽しめるようになりました」と振り返る。

「新入社員なのだから最初はゼロです。仮に支店に三年いるとして、その間に、なりたい姿というものがあるのだとしたら、逆算するようにゼロから戦略的に考えなければいけないな、と。僕は、体育会系の気質ではないし、ガンガンえげつなく営業に駆け回るようなタイプではないことも重々わかっていましたから、自分のスタイルで行こうと考えたんです。お客さんになってもらいたい人の家へ、朝、会社に出勤する前に行って、名刺と長文の手紙、証券新聞を配って歩いたりするようになりました。営業でかけた電話で話していても、相手が株の取引をしている人って、不思議と声ですぐにわかるようになるんですよ。だんだんと、いろんな五感が研ぎ澄まされていくような感覚がありました」

持ち前の前向きな性格があってこそであったろう。そして、親の庇護を受けることなく社会に出て、仕事が最も過酷であると評判をとっていた業界のガリバーで千本ノックを受けるような日々は、土屋裕雅のその後に実に大きな影響をもたらしたのではないか。

家業に入るつもりもなく、「野村で身を立てる」と心中で期していた。このころ、父に「戻ってこないか」と誘われたものの、野村證券での仕事に手応えを覚え始めていたこともあり、曖昧に受け答えをした。

次に東京本社の公開引受部という部署へ移り、成長企業のＩＰＯ（新規株式公開）支援を担当する。ここでも仕事に没頭する三年を送り、七社ほどのＩＰＯを手がけた。伸び盛りのクライアントをＩＰＯへと押し上げる「上場請負人として」、たいへん充実していたが、真逆の感覚にとらわれることもあった。

「ＩＰＯの担当者として、その会社の社員同然に必死になる。でも、上場すると、お祝いの宴会を派手にやって以降は二度とその会社に行かなくなるくらい、あっさりと疎遠になってしまう。非常に虚しいと思うことがありました。結局、僕らはサポーターでしかない。応援団でいるより、自分がプレーヤーになりたいと思うようになっていったんです」

心境に微妙な変化が生じていたとき、父から「そろそろ戻ってこないか」と、また声をかけられる。三十歳になるころのことで、「いい時期なのかもしれないな」と踏ん切りがついた。

一九九六年、野村證券を退職して家業へ転じる。まだ、創業時のいせやという社名のままであった。最初に配属されたのは物流子会社である。傍系の子会社が振り出しになったからこそ、そこから見える独特の風景というものがあった。いせやグループ全体の現在と将来像を捉える視座を得たともいえた。

「当時の物流は、まだまだ裏方の部門でした。でも、僕にとってはそれがすごくよかった。

物流から小売業を見るということが新鮮でしたし、楽しく、とても勉強になったんです」

一年後、コンビニのセーブオンに移る。そして、いせやグループに入って三つ目となるカインズという会社は、入ったときより自らの性に合う感覚が最初からあった。一九九八年のことである。

「スーパーマーケットは女性客が多いし、店内も華やかな感じがある。一方、当時のカインズは、まだＤＩＹ（Do It Yourself＝日曜大工）というイメージが強くて、お客には建築関係のプロの人も多い。店はいつも騒がしかった。社風はどちらかといえば荒っぽくて、予定調和が通じないところがあったんです。野村證券で営業に飛び回っていたときの職場の雰囲気に似ているなあと、なんだか懐かしくて、僕には水が合いました」

カインズに入社した年に取締役になり、二年後には常務に就いた。ホームセンター業界が曲がり角に差しかかっている時期でもあった。家の壁紙を貼り替えてみようと、子どもを連れて訪れる女性客の姿は珍しくなくなっていた。家庭菜園を楽しみたいと若い家族が気軽に訪れていた。土屋は、店の様子が少しずつ変わっていくさまを敏感に感じ取っていた。「世の中の流れを変えていく女性の影響力はすごく大きい」と。キッチン用品の取り扱い量が多くなり、売り場づくりや雰囲気、テレビコマーシャルにも、それは表れている。

自らが流れを変えていかなければならない苦労も伴った。カインズが指定する商品を発注すれば、メーカーや問屋は喜んで真っ先に大量納入してくる。しかしながら、仕入れや売り上げの量や額によって手数料や販売奨励金などと称するリベートを収受し合うという日本独特の商習慣は、野村證券で数字に厳しく生存競争の烈しい二十代を送った土屋にとって、ずいぶんと生ぬるく、遅れたものに映った。日本以外の、海外企業との間では、厳密に契約書を交わせば、面倒な裏リベートなどは存在せず、決めたとおりに取引が進むとわかり、そちらへ重心を移していった。初めのうちは、不良品が混在し、品質は必ずしも一定に保てなかった。また、仕入れすぎて過剰在庫を抱えたり、逆に計画より売れて欠品による機会損失を生んだりして、もどかしい時期もあった。さらには、社内の幹部たちの反対意見があった。将来の明確な目的意識がある土屋は、粘り強く進めていった。

### ライバル企業の合従連衡

二〇〇二年、三十五歳にして社長に就任すると発表した直後、まるでタイミングを計ったかのような大ニュースに接して土屋は卒倒しそうになる。ホームセンターで中部を地盤とするカーマ、四国のダイキ、さらに北海道のホーマックが経営統合する見込みであると伝わった。三社が合流すればカインズの優に二倍以上の年商規模となる。この合従連衡グループが現在のDCMホールディングス（HD）である。

土屋自身のみならず、幹部をはじめ、社内にも動揺はあったが、カインズが取り組むべき大きな主テーマはすでに定まっていた。海外企業との取引を深め、自社開発であるプライベートブランド（PB）商品を主力とする製造小売業（SPA）への転換を進めていくという経営の方針である。ファストファッションの先駆者であるユニクロをはじめ、アメリカのGAPがあり、札幌の家具店を足がかりに生活用品全般をSPAとして扱うチェーンにのし上がっていたニトリHD、ダイソーなどの百円ショップなど、それぞれPB商品や店の売り場づくりに他の既存チェーンにはない特長があり、黙過してはいられぬライバルと見ていた。商品の立案企画から原材料の調達、製造、販売、在庫管理まで一貫して自社で手がけるSPAは、さまざまなリスクを負う分、利益率が高く、経営環境の厳しくなる日本では、大手小売りチェーンにとって例外なきめざすべき将来像となっていた。

土屋裕雅は、多忙の合間を縫って身体を鍛えながら、自己研鑽をより心がけるようにもなった。年頭に、ことしは合計一千キロ走る、百キロ泳ぐ、百冊の本を読む、老若男女を問わず優れた百人に会いに行こうと、秘かに目標を立てたりするようになった。むろん、そうした計画のすべてを達成できるとは限らない。楽しみながら、決めたことをやり抜こうとする気構えを、日々、積み重ねている。

ベイシアグループ代表である父とは、いまでも週に一度、報告の時間を持っている。

土屋嘉雄には、「餅屋は餅屋」、「商工分離」という持論があり、小売商に徹することを旨としてきた。息子が率先してＳＰＡに乗り出していくこと、つまり小売業をもっぱらとするのではなく自ら製造業へと垣根を越えて進んでいく経営方針を明確にする様子を知るにつけ、表情を曇らせるときもあったが、しだいに経営の大きなテーマに異を唱えることはなくなってきた。全国に轟く巨大小売りグループを一代で築いてきた創業者にもまた、時代は変わりゆき、「商工分離」という経営方針を見直す時機が到来しているとの思いがあったのかもしれない。土屋裕雅自身は、「ホームセンターの取り扱い商品の大半をＳＰＡとして手がけられるのではないか」と見ていた。

土屋裕雅は、ＳＰＡ転換とともにＩＴ化をスピード感をもって進めると宣言してゆく。顧客のニーズを掴んで売り上げを伸ばし、そして二〇二〇年、ＤＣＭＨＤを抜いて、年商で十三年ぶりにホームセンター業界首位の座に返り咲いたのである。Ｍ＆Ａ（企業の合併・買収）を経ずして、自主独立で手堅い成長を実現している。

「ＳＰＡ化、ＩＴ企業宣言、本社の本庄早稲田への移転、表参道の新しい拠点づくりと、僕の性格でもあると思うんですけれども、あまり具体的な構想もないまま、こっちに進むのがいいだろうと思って、まず先に宣言してしまえば、自分も周りの人も、プレッシャーにもなりながら、実現のために突き進んでいくというところがありますね。元々、父の代でつくりあげた、しっかりとオペレーションをする真面目な社風と土台という恩恵がありました。まったく別の業界から多様な人たちが入ってきてくれることによっても、会社や現場、そして組織は少しずつ変わってくる。それがすごく面白いと思っているんです。要は、まず宣言するということではないでしょうか。いま楽しくてしょうがないんです」

二〇一九年、社長の職を委ねた高家正行は、三歳年長で、生産自動化（ＦＡ）部品や金型部品などを手がける優良企業、ミスミグループ本社の社長を務めたプロの経営者として、土屋が自ら丁重に口説いてスカウトした傑物である。取締役、副社長を経て土屋より社長を継いだ高家は、就任一年目から、減益決算となることをあらかじめ計画した英断によって大胆なデジタル投資に踏み切った。カインズ イノベーションハブの創設と優秀なエンジニアらの大量採用も、その一環である。結果として、コロナ禍で在宅勤務が急速に進む世の中の変化に先んじる迅速な意思決定となり、インターネット販売などのＥＣの強化にもすぐさま結実した。土屋裕雅は、会長と社長の現在の役割について、こう話す。

「右脳型で、論理的な説得が必ずしも得意ではない僕と、左脳型で、理路整然と説明できる高家とで、いいコンビになっていると思います。細かい説明はすっ飛ばして、前へ前へと進んで、まず場をつくったり宣言してしまったりする傾向がある僕に対して、高家は理屈で説得して、納得してもらって、周りの人を引っ張っていくことができる」

二人三脚で経営の舵取りをする態勢がしばらくつづくことであろう。

カインズへの探訪も終盤に差しかかった二〇二〇年九月の終わり、改めて表参道のオフィスで土屋裕雅に向き合うと、訊ねずにいられぬことがあった。ＤＣＭＨＤが、埼玉などを地盤として約六十店を展開する家具・ホームセンター業界七位で中高価格帯のラインナップで独自路線をいく島忠を、株式公開買い付け（ＴＯＢ）を実施して経営統合すると発表したからである。実現されれば、ＤＣＭＨＤの年商は単純合計で約五千八百億円となり、カインズを大きく上回るばかりか、店舗網の手薄な首都圏に一挙に基盤を持つことになる。

笑いも怒りもせずに聞いていた土屋は、「オーガニック」という言葉を幾度か口にして未来像を語った。昨今の健康食ブームについてではない。字義本来の、有機体で添加物を含まない状態をさしている。

「私たちの会社はＭ＆Ａなしのオーガニックで今日までできました。でも、Ｍ＆Ａがいけないということでは決してないし、これからはありえる。できるなら、ユニークで、いままでの日本にはなかった独特の小売業グループを形成できたら、きっと面白いことになると思うんです」

ＤＣＭＨＤによる島忠のＴＯＢが実施されようとしていた。低価格帯を強みとするニトリＨＤもその買収戦への参入を検討しているとの報も飛び込んでくることになった。

## 経営者として株主として

ＳＰＡによるＰＢ売り上げ比率は四〇％を超え、ＥＣ部門の強化も相まって、すでにカインズは旧来のホームセンターという一括りの枠組みには収まらない業容となりつつある。

二〇二〇年十月、ベイシアグループは年商一兆円の大台を超えている。

「父の時代と、いまの僕とでは、それぞれのスタイルというものがあると思います。年商一兆円の会社の全部を一人で見るというのは、うまくいくとは限らないし、効率もよくない。たとえば、年商一千億円規模の会社の経営トップはちょっと難しいけれど百億円の会社には向いているという人がいるなら、権限を委譲して、リーダーシップをとれる人をどんどん育成していって、新しいベイシアグループのあり方をつくっていってもいい」

さはさりながら、土屋裕雅は、経営者であり、また株主としてのオーナーシップを持つ立場にあることには変わりがない。創業家の経営者として会社を束ねていくうえで最も大きな責任は何ですか、と問うと、少し考えて、土屋は「資本家」という言葉を使った。

「株主であることは間違いないわけですが、これまで資本家としてはほとんどかかわってきませんでした。十七年間、社長をやっていましたけれども、経営者であると同時に、株主として、今後、グループ全体にどうかかわっていくか。時代の移り変わりに応じながら、その両方の役割を、これからは果たさなければならないと考えています」

柔和な面差しの土屋裕雅は、「次のリーダーを育成することも大きな課題ですね。これがいちばん難しい」と、なお表情をゆるめた。

ともに狂言の舞台に立つ長男の姿を思い浮かべたろうか。父の土屋嘉雄と同様、息子の成長を、温かく気長に見守っていく親心は、やはり受け継がれているらしい。

追記
二〇二三年二月現在、カインズは二十八都道府県に二百三十店を展開し、年商は約四千八百二十六億円（二〇二二年二月末）となっている。

島忠は、二〇二一年三月、ニトリＨＤの完全子会社となっている。

サトウ食品

サトウ食品

# 佐藤　功会長

## 社運を賭けて勝負し続けた二代目は、雪国の「半沢直樹」。

### 一代で全国ブランドを確立

二〇二一年、もう二月半ばのことであったが、ＪＲ東京駅発の上越新幹線が新潟県に入ると、窓外の田園地帯は雪に覆われていた。雪国では尋常ならざる降雪に人びとが苦しめられていると、この冬は、新聞、テレビでよく伝えられていた。

昼下がり、新潟駅からタクシーに乗る。アスファルトの路肩のところどころに、積まれた雪がまだ子どもの背丈ほどの高さで残っている。十分ほどで、市内のサトウ食品の本社に着く。まだ定刻には早いからと、敷地の外から社屋を眺めたり、カメラに収めたりしていた。人通りはまるきりなく、晴れていても底冷えのする寒気が身体の芯に伝わってくる。

黒塗りの高級車トヨタ・センチュリーが近づいてくる。ウインカーを点滅させ、敷地に入ろうとする瞬間、車内の左後部座席に座る人物と窓ガラス越しに目が合った。本社の玄関前に停まったセンチュリーのドアが開き、横たわった大地からゆっくりと身を起こすチーターのように、長身痩軀の老紳士がやや猫背気味に降りた。この日の客人であると気づいたのであろう。すっくと背を伸ばした人物は、軽く会釈し、どうぞ、というように、声を発することなく右の掌で招じた。どことなく剣呑な雰囲気を漂わせている。

佐藤功は、この年の一月に八十三歳の誕生日を迎えた。身長は百七十二センチであると聞いたが、もう十センチほど大きく見えた。

業界では包装米飯と称されるパックご飯の王者「サトウのごはん」、そして「サトウの切り餅」の製造技術を一代で確立し、全国に知らしめた立志伝中の人物である。技術一徹の職人肌か、腰の低い商人のような人物像を想像していた。だが、およそ違うのではないかと、会話なき第一印象で思わせた。

相談役会長室に通され、時世ゆえ、透明なアクリル板越しに向き合って会話を始めてすぐ、この冬の雪はすごかったようですね、と訊ねるや、佐藤は顔をひどくしかめた。

「ひどいなんてもんじゃなかったです。例年、五十センチも積もれば市内では多いほうです。前の冬はシャベルがいらないくらい雪が少なかった。ところが、この冬は倍返しどころか三倍返しですわ。もう、ほんっとうにたいへんで……」

日本海に面して南北に長く伸びる新潟県は豪雪地帯として知られるが、中心部の市内は、二つの大きな山地からなる佐渡島が防壁のような役割をなすため、比較的、大雪の被害に遭うことが少ないのだと、佐藤は静かに説明した。

## 炊きたてご飯と焼きサンマの弁当

父と母を手伝いながら今日のサトウ食品をつくりあげてきた歩みを聞いているうちに、佐藤自身が銀行の支店長や地元の強面《こわもて》の財界人と渡り合い、平身低頭でピンチを凌いだり、逆に床に手をついて詫びられたりと、人気テレビドラマ『半沢直樹』シリーズを地で行くように、倍返しを見舞われたり、三倍返しで捲土重来を図ったりと、鉄火場で鎬《しのぎ》を削るがごとく生き抜いてきたとわかってくる。

「見込んだとおり、一日に百万儲かった」

「他人《ひと》の噂に頼るのはだめです。あてにならない。でも、消費者の顔が見えたら、一気に勝負をかける。私は命がけでやります。全部、私一人で決めてきました」

「喧嘩になった挙句、うちは何度もライバル会社から潰しにかかられた」

並みの職人でも商人でもない。ものづくりには誠実だが、向こうっ気が強く、土性っ骨のある勝負師のような経営者であると伝わってきた。掠れがちでハスキーな声は、剝き出しのカッターナイフを思わせた。

明治生まれの父の勘作は、戦争で負傷し、たびたび肺結核を病むなど、不運つづきであったが、独立心が強く、闇米のブローカーや北海道での海運業、イカ釣り漁船の操業など、いくつもの事業を手がけては、成功を収められずにいた。市内に構えた自宅の半分を工場に改装し、戦後まもない一九五〇（昭和二十五）年、佐藤勘作商店として白玉粉の製造を始めたのが現在のサトウ食品の発祥といっていい。糯米《もちごめ》を搗《つ》く石臼を半自動で回す仕組みを考案するなど、探求心では人後に落ちなかった。母のトクも夫を支えて午前三時から働いていた。暮らし向きは決して豊かでなく、長男である功は、小学五年生のころから家の仕事を手伝った。

「親父は寝込むことも多くて、おふくろがリヤカーで臼や白玉粉を運ぶんです。女には重いでしょう。だから私がリヤカーを引いて、おふくろが後ろから押す。学校から帰ると、毎日、そうでした。勉強なんかしたことない。する暇もなかった」

そして、「でもね」とつづける。

「私、字は下手だったけど、算盤《そろばん》だけは達者だったんです。暗算も得意だった。儲ける勘定は上手いんです。誰にも負けんかった。大きな投資は全部、独断でやってきました」

　市立山の下中学校に進むと、さらに幼い妹を含む家族の朝食の支度と自らの弁当づくりが早朝の日課に加わる。竈《かまど》に薪や木の枝をくべて釜で米を炊き上げる暮らしを、当時の家庭はみな営んでいた。パックご飯で他社の追随を許さぬ商品を誕生させた佐藤功の原風景を挙げるなら、このころのことになるのではないか。

「ご飯を炊くには松の葉がいちばんです。風が吹くと、ああ、松葉が落ちるな、と思って、南京袋を持って松林に拾いに行って集める。最高なんです。マッチ一本で松の葉の油がさーっと燃える。熾火《おきび》の加減でいいお焦げもできるし、しっかり蒸し上げればご飯が立って美味くなります。お焦げはちょっと醤油をかければ実に美味しい」

　赤々と燃え上がる竈の炎が目に浮かび、鼻と舌をくすぐられるようである。

　新鮮な魚が安価で手に入る町であった。少年時代の佐藤功がもっぱら好んで飽きなかったのが焼きサンマである。これをほかほかに炊いた白飯に添えて昼食の弁当とした。

「学校で隣の席のやつが『功、おまえ、きょうでサンマは連続十三日目だな』なんてからかうんです。『え? おまえ数えてたんか』と訊き返しました。自分が好きで入れているんですから、不満も文句もありません」

めがね越しの目は穏やかである。

「私は、サンマ弁当が二週間つづいても三週間つづいても飽きなかった」

## 三度、あの世に行きかける

中学校を卒業すると、製造よりも営業の仕事を覚えたらどうか、という父の勧めで、一九五三年、東京に丁稚奉公で働きに出る。中野の鍋屋横丁を経て、上野のアメヤ横丁、通称アメ横にある白玉粉や雑穀を扱う問屋に入る。早朝から深夜まで、オートバイやオート三輪で東京中を走り回り、品質の見極め方や取引の習慣、手形の扱いなど、商いのあらゆる知識を貪欲に吸収していった。

働き始めた幼い時代について、「私は三度、死にかけた」と振り返る。

一度目は、新潟で両親の仕事を手伝っていたころ、盲腸の症状がありながら、投薬で凌ぐことをつづけていて虫垂炎が極度に悪化し、病院に担ぎ込まれた日のことである。そして、東京で働いていた時代に、扁桃腺の持病が悪化したときと、栄養不足と過労が祟って脚気をこじらせたときである。

「扁桃腺で苦しんだときは、意識が混濁して、私は確かにきれいな黄色いお花畑を見た。あの世に行きかけたんだと思います」

ときに死の淵へ近づきかけながら、丁々発止の商いの最前線で三年を送り、一九五六年、十八歳のとき、新潟へ戻る。その二年後、父の勘作は、取引先だった北海道の問屋で「むかし食った越後の餅は美味かったなあ」と番頭が漏らした一言が忘れ難く、杵搗き餅の製造に乗り出す。白玉粉の需要は夏場に集中し、冬になると閑散期となることから、年末より正月にかけて売れる餅に商機を見い出したのである。

ビニールで包装した伸《の》し餅は、予想どおり売れた。一九六一年に佐藤食品工業所と改組し、本社と工場の拡大に乗り出していく。

水分を含むためにカビが発生するという性質ゆえ、餅は長期保存が難しい。社長の勘作は、味噌や醤油などに使用が認められていた防腐剤を添加することを、同業の餅メーカーにならって採用した。しかし、一九六三年、餅への添加は認められていない防腐剤であると監督官庁などから次々に他社とともに摘発を受け、「毒餅事件」として一斉に糾弾されるに至る。当時、専務として父を支えていた佐藤功は「当社にとって最初の地獄だった」

と表す。長年の信頼も、少しずつ積み上げてきた売り上げも、呆気なく崩れた。

翌年六月には、マグニチュード七・五の新潟地震が起き、地盤の液状化現象によって自宅も工場も壊滅的な被害を受ける。佐藤は「第二の地獄」と般若のような表情をした。

餅メーカーとして再起を期すべく、病によって入院する父に代わって功は陣頭に立ち、防腐剤や保存料ではなく、炭酸ガスやレトルト殺菌釜を利用した長期保存が可能な餅の開発に奔走する。だが、高度経済成長時代のうねりのような大衆の熱《ほて》った興奮を前に、山っ気ある者は座していられない。一九七〇年代に入ると、ブームだったボウリング場の経営へと乗り出すのである。あっという間にブームが下火になったボウリング場の一部をパチンコ店に改め、冒頭で引いたように「店を開ければ一日に百万儲かった」という笑いの止まらぬ絶頂期もあった。

「よう私、またいろんなことをやったもんですよ」

機を見るに敏であるからこそ、商才がほとばしるように先走る。さらに、消費欲が急拡大していた時代でもあったことから、スーパーマーケット経営にも進出するのである。事前に集めた資料で、過去にスーパーマーケット経営に乗り出していたことは読み知っていたが、本社で向き合ってあらためて佐藤功に訊ねると、「最盛期には十六店になりました」

と、誇ったような、どこか悔いたような、なんともいわく名状し難い表情を浮かべた。地方のメーカーが小売りチェーン経営に突き進むということなど、商いの流れ一つを単純に考えても、自家撞着でしかない。有力チェーンストアが自社に代わって商品を大量に売ってこそ、メーカーの商いと成長拡大というものは成り立つからである。全国規模のナショナルチェーンに睨まれたら、いかに地元の名士であろうと、ローカルのメーカーなど、ひとたまりもない。そうした力関係を十二分にわかっていながら、「売り手よし、買い手よし、世間よし」として通る〝三方よし〟ではなく、一挙両得をねらって横紙破りに打って出る辺りに、佐藤功の性《さが》を見る。

　徒手空拳を地で行くような自らの過去を振り返って佐藤は宣うのである。「餅は餅屋、ですな」と。

　一年保存してもカビが生えないレトルト殺菌切り餅の開発に漕ぎ着け、一九七四年、売り出し中であった歌手の西川峰子（現芸名・仁支川峰子）を起用した「サトウの切り餅〜あ、もっちもちもっちもち」というテレビコマーシャルを全国に流す大勝負に打って出る。コマーシャルソングを作曲したのは、ヒットメーカーの猪俣公章である。

「反対する親父を説得して、広告代理店の電通に億の金を使いました。六十秒でも三十秒でもなく十五秒で、とにかく商品名を連呼してくれ、と。社運を左右する大きな賭けでした」

幸運の女神は、渋い顔ばかりをしない。このとき、佐藤功に微笑んだのである。

母とリヤカーを引いていた時代を忘れ難く刻む記憶は、さらに大英断に踏み切らせる。餅は、重く、かさばり、なおかつ製造拠点から各地の小売店へ早い配送が欠かせぬ商品である。そこで、地元の新潟・新発田をはじめ、北海道と佐賀にも自社工場を建設するのである。ようやく十億円を超えたばかりの年商があっという間に桁を一つ増やした。

## 「玄関あけたら2分でご飯」

「つきたてシングルパック」の発売により、サトウの切り餅は消費者にすっかり定着したが、売れ行きはどうしても年末年始に集中する。通年で安定して売れる商品を開発できないものかと考え、次に行き着いたのが白飯である。一九八四年、父から社長の職を受け継いだ佐藤功は、切り餅の無菌化包装技術の確立過程を応用した白飯商品の開発を部下に命じる。しかし、試食の段階で納得のいくものがなかなか現れなかった。竈で松の葉を燃やして毎朝、白飯を炊いていた自らの味わいの基準には決して譲れぬものがある。非常食用などに乾燥させたアルファ化米などもあるが、とても日常食には向いていない。

「私は最初から、家庭の奥さんが炊くご飯に負けないもの、もっといえば、奥さん方に『美味しい』といってもらえるご飯でなければだめだといいつづけました」

白飯は、炊き上がった瞬間から酸化して質が劣化するという避けようのない宿命がある。したがって、従来の技術や製法による限り、レトルト加工であれ、パック詰めであれ、長期保存に向かない。美味しさという日本人みなが知る曖昧なようでいて確固たる基準、さらに安全性、無菌化、そして家庭を預かる主婦たちが認める品質——。その開発に取り組んでいると知った大手メーカー幹部からは、無理に決まっているからやめたほうがいいと、幾度もとめられた。切り餅につづく看板商品にパックご飯を据えようと本腰を入れた佐藤功は、柳に風と受け流し、開発陣を叱咤しつづけた。資金を惜しまず、ひたすら試食を重ねた。不退転を決めた商魂はたくましい。商品化に成功できた暁には何兆円という市場に育つという算段と確信があった。

そして、バブル景気のさなかの一九九〇（平成二）年、あの「玄関あけたら2分でご飯——」というテレビコマーシャルで、サトウのごはんは知名度を全国へと広げることになる。手軽に電子レンジで食品を加熱して食べるという生活習慣の変化を先取りしたものともなった。いまになって、「あのとき、『玄関あけたらサトウのご飯——』というコマーシャルにしておけばもっとよかったと、実はあとあとになって思いました。しまったな、と」と軽口をたたくのだが、すごろくは振り出しには戻らない。

「でも、本当に売れに売れました。社員にボーナスをたっぷり与えたものです」

いまや、同業他社がパックご飯市場に参入し、安値競争も見られているが、サトウ食品はそれらと一線を画しているところがある。まず、生産工場で玄米からいくつもの工程を経て精米し、一パック分ずつ、独自開発の厚釜で実際に米を炊いているということである。ライバル社たちは米を蒸してパック詰めしてきた。佐藤は、「ご飯本来の味と風合いはまったく違う」と断じた。

「うちのと食べ比べていただいたら、まるっきり違うことがおわかりになるでしょう。ちゃんと炊き立ての匂いがします」

二時間と予定されていたインタビュー取材が四時間を超えた辺りで、佐藤は「では、工場を見に行きましょう」と腰を上げて促した。

専用車センチュリーの後部座席の左に佐藤が座り、私は右に収まった。窓ガラスには白いレースのカーテンが備えられていた。

すっかり暗闇に包まれた信号のない広い道路を進んでいる。路肩のアスファルトに二メートルほどの残雪が見られた。長い脚を組んでいる佐藤が静かに口を開いた。

「ここ、有料の高速道路のようでしょう？　日本海の港から新潟市内に直結する、物流と生活で県民になくてはならない無料のバイパス道路です。誰が造ったかわかりますか」

……もしや、田中角栄――。

「そうです。えらいことをしましたな。すごい政治家ですわ。ほかの連関するバイパスも含めて総延長四十キロ、日本でも交通量が三本の指に入る県民の大動脈です」

のちになって、新潟市と新発田市を結ぶことから、新新バイパスと呼ばれる道路を走っていたと知る。

やがて、「サトウのごはん」という大きな文字がライトアップされた工場が見えてきた。そのライトが夜空に乱反射し、濛々《もうもう》たる白い煙のようなものを闇に照らし出している。

窓ガラスに顔を近づける私を面白がるように、佐藤は「湯気です」と口元をわずかにゆるませた。

「炊飯する前の米を、高温の蒸気で短時間で殺菌する。だから工場から湯気が出るんです。うちの『サトウのごはん』が長期保存できる秘密があの湯気にあります」

二〇一九年に竣工した聖籠町《せいろうまち》にある工場「聖籠ファクトリー」である。サトウ食品だけが「厚釜炊き」と謳うゆえんも、そこに表れている。遠くから眺めていると、巨大な工場そのものが家庭にある炊飯ジャーのように見えてきた。徹底した衛生管理のもと、最新鋭の機械化と自動化を進め、必要人員はわずか五人程度で二十四時間稼働、日産二十万食のパックご飯を送り出す。日産四十万食体制にする計画も立てている。

## より美味しく食べるコツ

聖籠工場に着いて、中を案内する佐藤は、「この工場だけでまだ一日二十万食ですから、年間七千万食くらいで、日本人が一年に一人一食もしていない計算になります。まだまだこれからです」と小さく鼻をふくらませた。

工場を見学していて、サトウ食品が大っぴらには明かしていないコツをひとつ知った。現在、多品種にわたるサトウのごはんのほとんどは、二分の電子レンジでの加熱を推奨している。問題はその後である。電子レンジから取り出したら、すぐに開封して食べるのではなく、テーブルの上などの平らなところへ逆さまにして一分置くのである。水分がむらなく行きわたり、より美味しくなると聞かされた。興味のある向きは試されたい。

二〇一〇年に長男の元《はじめ》に社長の職を譲り、自らは相談役会長に収まっている。佐藤功は、また「地獄ですよ」と口元をひしゃげさせた。

「この十年あまり、私、経営に一言なりとも申したことはない。これは、私、自慢でもあります。それまで会社のことを全部指示していた経営者が、しゃべってはならん、っていう状況に、ある日、自らを追い込んだ。ただし、あんた、地獄ですよ。ひとかけらも口出しできん。相談役になったって、何も相談なんてされません。家にいたら女房に煙たがられる。だから毎日、会社に来るけど、誰も相談になんて来てくれません」

　自ら決めたこととはいえ、居場所はあっても、役目をなくすというのは、なんとも所在ない毎日に違いなかろう。

　目を転ずれば、私たちの国は、急激な人口減少と少子化、そして高齢化という、先進国がいずこも経験したことのない社会変化に突入している。そして、また奮い立つ。

「脅威というものは、どんな商売にでもあるのではないでしょうか。だけど、人口が減っても、ある時点で止まりますよ。人間がいなくなるわけではありません。ちっとも慌てなくていいんです。うちは、家庭の奥さんに認めてもらえるご飯をと、サトウのごはんの商品開発をしてきました。だから、最も買わないのは高齢者だと思っていた。ところが、いま、子育てを終えたシニア層の人にいちばん売れている。高齢化社会はうちにとってラッキーになってきたんです。どんどん売る時代になってきました」

いいながら、佐藤功は、「経営ほど難しいものはないですね」と唸って苦笑した。

「三十年以上、電子レンジで二分チンしたら、炊きたての美味しいご飯が誰でも食べられることに、命をかけてきました。その原点を忘れない限り、うちに迷いなんてない。心配もありません。ご飯は日本人の主食です。絶対に食卓からなくなりません」

西松屋チェーン

# 大村禎史会長

## チェーンストア理論の実践で、「ガラガラ店舗」は本日も好調なり。

### 震災や感染症拡大のときこそ

二〇二〇年の新型コロナウイルスの急激な感染拡大と社会不安、やがて緊急事態宣言の発せられるに至る同じ年の春、食料品や飲料水のみならず、マスクや消毒液があらゆる販売店から姿を消した日々を、私たちは苦々しく記憶にとどめている。そして、成人だけの家庭では気にもとめない切実な必需品がある。たとえば子育て家庭における粉ミルクやベビーフード、紙おむつである。どこのチェーンストアでも品薄になるなか、ベビー・子ども用品専門の西松屋チェーンには、人口の多い都市部の店舗であっても、ミルクや食品、愛用する安価で納得のいく品質の紙おむつが豊富に陳列されて安心できたと聞く。本当に人びとのためになる店とはかくあるものなのであろう。

二〇二一年二月期の決算では年商千五百九十億円を見込む。減益となった決算期もあったが、二十六期連続の増収が確実視されていた。人口減と少子化の時代にあって、四半世紀以上、売上高が増えつづけているのである。

この西松屋チェーンを、二〇〇〇（平成十二）年五月から二〇二〇年八月まで二十年にわたって社長として率いてきたのが現会長の大村禎史《よしふみ》である。二〇二一年二月に六十六歳になっている。

「コロナのワクチンを、高齢者として優先的に打ってもらえる年齢になったいうのは、まあ、第一線を退いても後ろ指をさされないんじゃないかなとは思うんですわ」

兵庫・姫路にある本社――。柔らかな関西訛りで笑う顔は血色がいい。語り口は控えめで、良家の出身であると伝わってくる。

二〇〇二年にＳＡＲＳ、〇五年に鳥インフルエンザ、一二年にＭＥＲＳといった感染症拡大の恐怖に世は震撼させられてきた。そのたび、大村は、最新の情報を集めて動向を見極め、客と従業員らの安全を第一に対策を講じてきた。鳥インフルエンザ騒動のときには医療用マスクを備え、一部の社員は防護服まで試している。

専務であった一九九五年には地元で阪神淡路大震災が起き、社長である義父の茂理《もり》佳弘を支えながら、自ら対策本部長となって、従業員の安否確認や救援物資の供給、店舗の営業再開に総出で当たらせた。二〇〇四年の新潟県中越、二〇一一年の東日本、二〇一六年の熊本などと大地震があり、豪雨や台風などの天災に襲われてきた。救援物資を届けても各地の役所などに山積みにされがちであること、子どものいる被災家庭に何が必要になるかも知り尽くし、店舗が被災したときのマニュアルも作成している。

「被害に遭われた方は、まず水とミルク、紙おむつが必要になります。物資を届けると同時に、なるべく早く店を再開させる。停電していてレジが使えないなら、電卓を叩いてもいいと指示しました。その次に肌着、二、三か月もすると洋服が欠かせなくなるんです」

コロナ下では、3密や集団感染を避けるため、一部の社員たちに、こう指示してきた。

「本社へ来るのが難しければ自宅から最寄りの店舗へ行って、事務室でノートパソコンでできる仕事をしてほしい。売り場で作業をしてもいい。それも難しければ、同業の店舗を見学に行ってもいい」

## 「鉄屋」から義父の会社に

大村は、「ヒトにも感染する鳥インフルエンザAは『H5N1』と呼ばれましたね――」と、専門家でなければ覚えていないような用語をいまもさらりと口にする理系の知識を豊かに持つインテリである。柔軟な発想の持ち主であることも、説明を要するまい。

「曾祖父や祖父の代をさかのぼれば、火をつけるマッチを、日本国内でも先駆けて生産する工場を明治時代に営んでいたようです」

父の澄夫は、川崎重工業に勤めていたが、のちに独立し、現在の姫路市内で有限会社白浜鋳鉄工業所という小さな工場を始めた。大村家の菩提寺に墓参りに行った折、墓石に「蒲田屋」という屋号が刻まれていた。国宝の姫路城の城下町で工場を営み、代々つづく商家であったと長じて知る。

勉強はよくでき、兵庫県で最古の歴史を誇る名門の県立姫路西高校に入学する。「家は鋳造業なのだし、いずれ家を継いでもいい」と考え、現役で京都大学工学部に合格し、大学院に進んで金属工学を修めた。一九七九（昭和五十四）年、二十四歳で姫路を本拠とする山陽特殊製鋼に入社する。「鉄は国家なり」という気風と矜持を色濃く残す業界で、エリートエンジニアとして、トヨタ自動車をはじめ、日本を代表するメーカーを取引先に、ステンレス鋼の商品開発、問題発生時の原因調査や対策立案などに携わっていた。

西松屋チェーンの本家の前身は、姫路の城下町に呉服店「松屋」として一八七九（明治十二）年に創業された。現在も、ＪＲ姫路駅前のロータリーから姫路城へと真っすぐ伸びる大手前通り沿いに「西松屋」として本店を構え、支店も営んでいる。

この西松屋から分家する格好で、一九五六年、創業家の娘である茂理満《みつ》とその次男・佳弘が赤ん坊の宮参り衣装、出産準備品を扱う「赤ちゃんの西松屋」を本家の隣りに開いた。この店が発展して現在の西松屋チェーンとなっていく。

茂理佳弘・敬子夫妻には男児がなく、娘だけが三人いた。地元の有力者が仲人となって、その長女と大村は見合いをし、二十七歳のとき、結婚する。同じ中学、高校の出身で、大村の弟と同学年でもあったことから、紹介されたときより親近感があった。姫路で子ども服の西松屋といえば有名であり、大村も知っていたが、山陽特殊製鋼での仕事は充実しており、妻の家業とはかかわらず、自らはエンジニアとして生きていくつもりでいた。古い世代の男なのであり、技術屋の仕事が性に合っているという自覚のようなものもあった。

「昔はコンビニエンスストアもなかったし、私は服の一つも自分で買ったことがろくになくて、全部、母親や妻に任せきりでした。そもそも買い物をすること自体がなんとなく恥ずかしいくらいで、私自身はたまに本屋へ行く程度だったんです」

そうした大村の意思と性格を理解しながら、頭脳明晰で商家に生まれ育った優秀な娘婿を将来の後継ぎにと、義父の茂理佳弘が考えずにおかなかったことは想像に難くない。

## 脳天を撃ち抜かれた渥美俊一の理論

三十歳のとき、義父より、著名な経営コンサルタント渥美俊一（一九二六－二〇一〇）の著書を読むように勧められ、ゆくゆくは会社を継がないかと持ちかけられる。義父は、渥美の主宰するチェーンストア経営の研究団体「ペガサスクラブ」の会員になり、そのセミナーも受講していた。

第一章の「サイゼリヤ　正垣泰彦会長」の項でも記したが、渥美俊一とペガサスクラブは、日本の小売業界では誰もが知る有名な存在であった。チェーンストアにとどまらず、大手のメーカーや卸会社、商社、不動産ディベロッパーらにも大きな影響を与えた。

渥美俊一は、三重・松阪で、代々の父祖が商家の番頭を務めた家に育っている。旧制三重一中こと津中学、同官立一高、東京大学法学部とエリートコースを進みつつ学生運動に没頭し、戦後、紙面で大々的な社会キャンペーンを起こして、焼け野原となった祖国を変えたいという志と野心を抱いて読売新聞社に入る。振り出しの横浜支局時代に、港町で海外との交易事情をつぶさに取材し始め、小売業の店主らの経営才覚、大売り出しのアイデア、宣伝のコツ、さらに町工場の技術やノウハウまで、貪欲に聞き取って記事にした。東京本社の地方部に異動になると、全国津々浦々の繁盛店を休日返上で飛び回って取材し、記事を書きまくった。まともな睡眠をとるのは東京と地方とを行き来する夜行列車の中くらいと豪語する猛烈な働きぶりは、読売社内で「人間機関車」と異名をとった。やがて、週に一回、「商店のページ」と題する一ページの連載を単独で執筆し、全国の商店主がこぞって読むようになる。商業専門紙誌に寄稿する記者業の傍ら、経営の実務を指導する若き第一人者としても頭角を現し、商店会などが主催する講演会や勉強会に引っ張り凧の日々を送る。一九六二（昭和三十七）年、日本にチェーンストアを産業として築造すると呼号し、ダイエーの中内㓛（一九二二－二〇〇五）、イトーヨーカ堂の伊藤雅俊（一九二四－二〇二三）、イオン（旧・ジャスコ）の岡田卓也（一九二五－）ら、全国屈指の有名繁盛店の経営者十三人を集めてペガサスクラブを結成する。欧米の最新チェーンストアを見学しながら研究を深め、とくに流通先進国アメリカの先例に学べと指導した。小さな繁盛店から身を興し、三越や高島屋のようなまぶしい老舗デパートに憧れる店主たちの夢を頭ごなしに打ち砕き、創業家の身内だけで金庫番を固める日本で古くからつづく支店型経営をさらに否定した。

アメリカの最新事例をそっくりそのまま学んで採り入れ、売り場面積や商品構成を決めた標準型の店をモデルとしてつくり、駅前や繁華街、商店街にではなく、地価の安い、幹線道路に近い立地で、まず五十店、百店、さらに二百店、五百店、やがて一千店とチェーン展開せよ、というのが渥美の経営指導の骨子であった。店員を使い捨てにするような悪弊を改め、三十年かけて従業員を教育して将来の幹部に養成するとともに、アメリカ並みに豊かな商品とサービスを徹底して安く便利に顧客に提供しつづけることで、日本の大衆の暮らしを変えよ、と終生、説きつづけた。

二日間、三日間と缶詰め式で開催するセミナーでは、受講者は毎晩、宿題を課されたり、商店主同士で討論させられたりして、ろくに床に就く時間さえなく、講義中に居眠りでもしようものなら壇上からスリッパを投げつけながら罵声を浴びせ、「出ていけ！」と退場を命じる徹底ぶりで、参加企業の経営者らから恐れられた。それでも、ダイエー創業者の中内㓛は、渥美の「一番弟子」と公言してやまなかった。あまりに厳しい指導とルールに、尻尾を巻いて逃げるも同然に距離をとっていく経営者もいれば、大枚をはたいて教えを乞うているのにおかしいではないかと憤って退会する会員企業もあったが、大手スーパーマーケットはおよそ例外のないほど渥美の薫陶を受けているほか、日本マクドナルド、吉野家、すかいらーく、リンガーハット、六花亭、カインズ、ニトリ、コメリ、カメラのキタムラ、鈴乃屋、アルペン、東京靴流通センター（チヨダ）、各地の生活協同組合（コープ）、また家電量販店や紳士服、書店、居酒屋、ラーメン、美容室、パチンコホールなどのチェーン、さらにいうなら現在の連合に至る労働組合の活動と発展にも大きな影響を与えた。ダイエーをはじめ、自主独立の経営に行き詰まったチェーンも少なくないとはいえ、最盛期のペガサスクラブは、会員企業数が一千社を超えた。

当時の西松屋チエーン（現・西松屋チェーン）は、ベビー・子ども用品を扱い、兵庫と大阪エリアに二十五店舗ほどを構えるようになっていたものの、まだ渥美の指導する、あるべきチェーンストア像とはかけ離れた統一性のない経営がなされていた。

エンジニアで数学や科学といった理系の素養を豊富に備えていた大村は、小売業の初歩も知らぬまま渥美の著書を読み始めるや、欧米のチェーンストアの歴史と実例を詳細に網羅したデータに基づく体系立った論旨に脳天を撃ち抜かれるような衝撃を受けた。大衆の暮らしを欧米並みにより便利かつ豊かにする使命を持つチェーンストアは真の基幹産業にならなければならないと説く情熱にも胸を打たれた。京大の大学院を修め、鉄鋼のエンジニアとして、寸分の誤差も許されない世界で、自動車や船舶などを製造する原料を扱い、ひいては人間の生命を預かる基幹産業の最先端にいたからこそ、抵抗なく理解できたのであったろう。しかし、当初は聞きしに勝る渥美のあまりに烈しく厳しい指導に辟易とする。

「渥美先生のセミナーを次から次へと受けたんです。実に論理的な教えでしたし、感銘を受けて、一言も聞き漏らすまいとノートをとりました」

「ただ……」と、ごく控えめに苦笑いを浮かべた。生真面目で繊細なのである。

「私、親にもあんまり叱られたことがないのに、ものすごい勢いで怒ったり怒鳴ったりする先生なので、セミナーに出ていると急に腹の具合が悪くなったりして困りましたわ」

他方、理屈としては違和感なく頭に入ったからこそ、現実を想像してみて考えた。小売業の経験がないのに務まるのか。「鉄屋」を自称してきた己がベビー・子ども用品という、まったく異なる世界で通用するのか。本当にチェーンストアになることができるのか――。

義父から改めて入社を勧められたのは一九八五年の夏のことである。日航機墜落事故が八月十二日に起きた年であった。悲惨な被害の様相が刻々と伝えられていくあの年の夏は、ことのほか暑く、長かった。「毛頭考えていなかった」という義父の会社の後継者として退路を断つことができるのかと悩み抜いた。絞り出すように「あの夏は、毎日、新聞、テレビを見るのがつらかった。私にとっても、本当に長かった夏ですわ」と述懐した。
「鉄のエキスパートとして自負もありましたし、ものすごく葛藤があった。やっぱり、渥美先生の本とセミナーで、チェーンストアというものが近代的で合理的なビジネスであると知ったことが決め手やったと思います。そして、当時は地元のダイエーさんが全盛期の時代でしたが、ベビー・子ども用品で標準化された本格的なチェーンストアはまだ日本になかった。これから大きなビジネスチャンスがあるんやないかと思いました」

考え抜いた「長い夏」を経た九月、山陽特殊製鋼を退職し、西松屋チエーンに入社する。

商店経営者がどうしても精神論に偏りがちで、目先の売り上げや利益に血眼になるのに対し、大村は、赤々と燃え盛る鉄を鎚《つち》でひたすら打ち叩いて理想の形につくりあげる鍛冶師のように、辛抱強く時間をかけ、理論を忠実に実行することに専心した。渥美のチェーンストア理論を、疑うのではなく、一つの理想であり、仮説であると捉え、科学者としてそれを西松屋チェーンに応用して検証するエンジニアリングを合理的に実践したといえる。能ある者ほど謙虚で、物事を先入観なしに冷静沈着に見て、学ぶべきところを素直に受け入れるということであろう。

店長のアシスタントとして働き始め、改善課題を少しずつ実行に移していく。店内に流れるBGMを廃止したことはその最たるものである。

「ま、これも渥美先生の受け売りなんですよ。アメリカのチェーン店はしーんとしていて、BGMなんて流れていないんですわ。だいたい、音楽には人それぞれ好みがありますし、ベビー・子ども用品の店だからといって童謡を流せばいいというものでもありませんからね。商品は視覚と触覚、食品であればさらに食感で選ぶのであって、聴覚を刺激することはあまり意味がない。BGMにだってコストはかかります。ならば、いっそやめてしまえばいいのではないか、と考えたんです」

社内の反対を押し切って店内BGMを廃止したところ、売上高は以前と変わらないことが証明された。

あってもよさそうだが、なくても不都合は生じなさそうなもの――。この両者の線引きは簡単なようでいて、実のところ、非常に悩ましく、経営者の判断力を曇らせやすい。

つづいて、店の前に立てる幟《のぼり》も全廃した。

「幟は、雨に濡れたり、擦り切れてきたりして、意外に消耗が早いんです。メンテナンスに手がかかりますし、出し入れも面倒です。倒れてお客の車に傷をつける可能性もある」

幟をなくしても業績は変わらないと明らかになり、「そしたら、要らんやないか」と大村が決め、西松屋チェーンはすっきりした店回りとなっていく。

業界で「島陳列」と呼ばれる売り場形式がある。売り場の主通路の中央にワゴンを置き、特売品などを並べることをさす。スーパーマーケットや洋品店でもよく見られる。この島陳列をなくすことには社内の抵抗がより強くあった。あのワゴンがあるからこそ売り上げが伸びる、という主張である。だが、実際に島陳列をなくしてみると、客の平均滞店時間が短くなり、商品在庫量も減って、店舗運営が合理化されると数字で一目瞭然の結果となった。客にも店にも、そして働く従業員にとっても理にかなっていた。

衣類を折りたたむ手間を省くため、シャツやブラウス、パンツやジーンズ、さらに靴など、ほぼすべてをハンガーに吊るして陳列する形式に改めた。ウエアは身長ごとに「60」、「70」、「80」とセンチの数字と色によってハンガーに明示している。ほとんどの衣料品店で会計時に店側で回収されるこのハンガーを、西松屋チェーンでは客は購入した商品ごと持ち帰ることができる。成長の著しい子ども用の小さなハンガーを買う必要がなく、ユーザーである親たちにたいへん重宝がられている。社内の慣例を変える試みは、社会の常識を覆す革新へと発展していく。

## 「2・2・6」の法則

大村は、「私の独断と偏見かもわからんのですけど」と苦笑した。

「それまでは当たり前とされていたことについて何かの改革をしようとするとき、柔軟に賛同してくれるのは全体のだいたい二割ですね。強硬に反対するのも二割です。ほんで、残りの六割は様子見、もっといえば日和見といったところですね」

説得力ある数字であると思えた。

「反対する人間を説得するのは本当に時間と労力の無駄ですわ。だから、まず賛成してくれる二割の人とだけ一緒にやって、とにかく現在の状態を変えて、数字を好転させることなんですね。結果を出せば、八割の人もメリットを享受できます」

売り上げが増加したり、利益率が向上したりして業績がよくなれば、その果実を従業員の給料や時給へと反映させることができる。

「会社とはシンプルなものです。地道にやって業績が上がれば皆がついてきてくれます」

大村の経営者としての来し方を点描しようとするとき、おおむね五年ごとに節目があり、同時にめぼしい成果をあげてきたと気づかされる。

入社五年目の一九九〇年四月、三十五歳で専務となり、いよいよチェーン化へ本格的に取り組み始める。

一九九六年五月、副社長に昇格するころ、五十店舗、年商百億円という一つの目標が見えてきた。店舗のスクラップ・アンド・ビルドを進めることで、思い描くチェーンに近づいたのだが、この分岐点は難所でもあった。

「まだ個人商店に近い支店経営から脱し切れておらず、チェーンストア経営に移行する過渡期だったのかもしれません。目標突破の手前で、二年から三年、足踏みのような状態でした。店数は増えていましたけれども、チェーンらしい近代的な経営のシステムは何も整えることができていない、街なかのちっぽけな店でしかなかったと思います」

焦らずに、理論どおりのチェーンストア経営の仕組みをじっくりと整えることを優先した。社長である義父の佳弘ともども奔走し、自社開発のプライベートブランド（ＰＢ）商品の製造販売にも力を入れ始めた。

どこかのメディアが面白半分に囃《はや》し始めたのであろうが、西松屋チェーンについて「ガラガラ店舗」と称する向きがある。いつも客の姿が少ない空《す》いているチェーン店なのに不思議と経営の業績はいい、といった意味合いである。このガラガラ店舗こそ、チェーンストア経営のモデルのひとつなのである。

ベビーカーでの来店客同士が売り場の通路ですれ違うことができ、広々とした店内は天井が高く、圧迫感がない。赤ん坊や幼児を連れていても、買い物が苦にならない。社長に就いた二〇〇〇年代に入り、西松屋チェーンは百三十店を数えた。国内ではバブル経済終焉後の景気低迷が長引き、日本を代表する家電メーカーなどが人員削減を始める。二〇〇八年にはリーマン・ショックにより、世界的な不況に陥っていく。かつて日本の経済成長の原動力であった稀有な技術の匠たちほど、新時代に応じて脱皮できずにいる会社に愛想を尽かしかけていた。大村は、いまこそ経験豊富で優秀な技術者を獲得する好機と見て、伝手《つて》を頼りに積極的に声をかけていった。翌〇九年、ベテランスカウト第一号として、三洋電機の半導体部門などでキャリアを積んできた五十八歳の技術者を迎え入れる。

そのころ、有名ブランドの高価な折り畳み式ベビーカーを開閉する際、幼児が指をはさまれるという痛ましい事故が相次いでいた。安全なPB商品が必要と考える大村は、期待の技術者に「『ほなら、絶対に指をはさまないベビーカーを開発してください』とお願いしたんです」と突拍子もなく依頼したと明かした。さらに「定価は二千円で」とむちゃな条件を付けたことも振り返って大笑いする。異業種から転じてきたベテラン技術者は一年あまりの間、ベビーカーの研究開発に打ち込んだ。

その結果、二〇一〇年七月に誕生したのが生後七か月から二歳くらいまでを対象としたシンプルで頑丈な構造のＰＢのベビーバギーである。税込み価格二千九百九十九円と、大村のめざす値段の実現こそ叶わなかったものの、四万円を超える有名ブランドメーカー品も陳列される売り場では、ひときわ客の目をひいた。大きい車輪は路面の凸凹《でこぼこ》によって生じる振動を吸収し、乗っている乳幼児に負担が少なく、親も手押ししやすい。日よけ、転落防止用の五点式ベルト、指はさみ防止フレームといった必須機能に特化したことを謳うこのバギーは、発売から十年を超え、後継機種を含めて累計約四十七万台を売る大ヒット商品となった。のちに、パナソニックやソニー、シャープ、セイコーエプソンといった有名メーカーから主に五十代後半の技術者たちが入社してきては、伸び縮みして穿きやすいストレッチパンツ、抱っこひも、組み合わせ床マットなどのＰＢ商品を次々と開発してきた。

ベビーカーやバギーはむろんのこと、洋服や靴も、子ども用品は価格が高いと相場が決まっており、日本の子育て家庭に、〝お下がり〟のやりとりは欠かせなかった。西松屋チェーンは、ＰＢのシャツやパンツが税込み三百円ほどの安価でカラフルに並ぶ。色や柄でコーディネイトできる手軽で楽しい商品と売り場を実現し、そうした習慣を不要とした。

大袈裟でなく、生活者が主役である革命を、ゆっくりともたらしてきたといえよう。

## 経営の世代交代

その間、二〇〇四年四月に沖縄県に初出店したことで、全都道府県への出店を果たした。二〇一八年十二月には一千店突破を達成している。

ベビー・子ども用品関連の国内市場は年間およそ二兆円規模のまま推移していると分析されている。西松屋チェーンはまだ国内で一〇%のシェアも握っていないことになる。

業界の古い常識を一新しつづけ、収益性を高めながら、全国の西松屋チェーンの売り場はいまも空いている。客も従業員もストレスが少ない。国内に強力な競合チェーンはおおむね見当たらない。少子化、消費不況、物価高といわれるが、一社で勇往邁進といった趣きである。その先頭に立ってきた大村は、商機を穏やかに見据えつつ、ゆったり泰然としている。

「私どもは、ベビー・子ども用品という必需品を扱う大事なフォーマット（品ぞろえと価格の区分）からは一切逸脱しません。インターネット販売のＥコマースや海外展開も含めて、チェーンストアとして伸びていく余地はさらにあります。ま、これからのビジョンは社長が考え、決めていくことでしょうけれど」

その「社長」を務めるのは、大村の長男・浩一《こういち》である。現役で合格した東大法学部を卒業後、みずほ銀行勤務を経て西松屋チェーンに入り、二〇二〇年八月、三十二歳で社長の職を継いだ。父は「子どもたちに、勉強せい、という記憶がまったくない」と振り返り、受験に際しても「日本でいちばん難しいところを受けたらええんちゃうか」とだけ助言したと言葉少なに話す。三十歳でエンジニアから転じた父が五年を一つの目安として経営改革に取り組んできたように、子へのバトンリレーも五年ほどのタッグになることを見越しているらしい。

大村禎史は、仕事一辺倒の日々で、子育ては妻に任せきりであったと、しきりに頭をかいた。

「新たな出店の候補地を見るために、北海道から沖縄まで、行ったところがないほど日帰りで飛び回ってきました。でも、人がろくに歩いていないような幹線道路に近い閑散とした地域ばかりだから、どこへ行っても同じような風景で、観光とはまったく無縁でした。苦労をかけてきた嫁さんと、どこかの温泉町にでも、観光で行きたいな、と思てます」

なかなか泣かせるではないかと思ったが、「まあ、いまのコロナの世の中では……」と、ため息をついた。長年の献身に感謝の思いを伝えたいと、どこか不器用に願いながら、しばし月日を待たなければならない。お天道さまは気まぐれである。

追記

西松屋チェーンは日本国内に千六十七店（二〇二三年二月現在）を展開し、年商は千六百三十億円（二〇二二年二月期）となっている。

キタムラ

# 北村正志

ファウンダー・名誉会長

## デジカメ、スマホ全盛時代に写真専門店が生き残れた理由。

### 「社員にがんばれなんていうたこと一度もない」

写真屋、あるいはカメラ屋――。かつて日本には、そう呼ぶ店が身近にたくさんあった。有名メーカー製の新品高額カメラを並べる専門店から、中古カメラを売り買いする店、そして、撮影後のフィルムの現像、焼き付け、引き伸ばしプリントなど（DPE）をフランチャイズ方式で請け負う個人経営のパパママストアまで、商店街にも郊外にも写真屋があふれていた。最盛期には全国で二万軒を数えたといわれる。八百屋や精肉店、鮮魚店がスーパーマーケットにとって代わられて激減したように、写真屋も、さらに撮影スタジオの写真館も町中から姿を消した。ヨドバシカメラやビックカメラをはじめとする大手全国チェーンは屋号や社名にこそその発祥の名残りをとどめているが、一般に家電量販店と呼ばれ、いまや生活用品全般を扱う総合店へと業容を変えている。

その日本国内にあって、DPEなども含む写真関連専業で店舗網を張り巡らせている唯一といっていい存在がキタムラである。「カメラのキタムラ」、こどもの記念写真のスタジオ撮影やプリント、額装、アルバム制作を主体とする「スタジオマリオ」など、全都道府県に合わせて約一千店を展開している。国内に類例のない、たいへん稀有な写真専門店チェーンである。カメラの販売を含めて最盛期に年間一兆円産業だったのが二千億円の市場規模に縮小したものの、そのおよそ三〇%をキタムラグループが占めている。国内で三割のシェアを持つ小売り・サービス業チェーンという存在を寡聞にして知らない。

新型コロナウイルスの感染拡大のため、二〇二〇年の政府の緊急事態宣言による休業要請を受け、四月の一か月間、全国で営業を休止し、約二十億円の損害をこうむった。入学・入園式、七五三、行楽シーズンなど、事業収益の柱となるイベントがことごとく激減し、緊急事態宣言後も写真関連事業は大打撃を受けた。

本社を東京都心に移す直前であった二〇二一年一月中旬、新横浜駅前のビル内のオフィスで、ファウンダー・名誉会長の北村正志は、会うなり、「プリントの売り上げは前年の半分です。一期の赤字はやむをえないかと思っていました」と、やや厳しい面差しをした。自らが傘寿を迎えるこの二〇二一年三月期の決算の見通しについてである。少しして「ところがね」と表情をゆるめた。

「従業員のみんなが新しい付加価値をつくろう、利益を出そうと、必死に努力してくれたおかげで、なんとかそこそこの経常利益が出せそうです。業界全体がどんどん縮小していく中、うちは相対的占有率拡大で生き残っていると考えていただいたらいいと思います」

こども写真館では「スタジオアリス」という同業他社の先行大手チェーンがある。北村は、スタジオアリスの創業者と古くからの友人であり、顔を合わせると「悪いね。俺も写真屋だからやらんわけにはいかんので」と仁義を切るように頭をかきつつ、写真館事業スタジオマリオを十六年ほどあとから展開してきた。少子化の時代であることに加え、累積損失が百億円に達するほどの赤字つづきであったスタジオマリオを、経営の屋台骨を支える事業として、よくも辛抱強く育ててきたというところであろう。カメラのキタムラへの併設型も含めて、スタジオマリオは約四百店へと拡大している。

時あたかも成人式の時期のことであった。

「コロナ禍でお客さんが激減するかと覚悟したんですが、このようなときだからこそ記念写真を残そうという方たちがむしろ増えて、七五三のシーズンはお子さん連れのご家族も前年より三〇％ほど伸びています」

　コロナ禍の影響を受けながら会社が持ちこたえているのは、高額なカメラの販売を本業としながら、その関連事業との協業が功を奏してきたからであり、単なる偶然ではない。

「みんながこつこつと努力してくれた。捨てる神あれば拾う神ありですわ」

　スタジオアリスなどは大型ショッピングセンターなどの賃料の高い場所に出店している。

「うちのスタジオマリオはキタムラの店舗内に併設して出店しているので、家賃が安い。だから、損益分岐点が非常に低いんです。しんどいなと思ったこともあるんですけど、写真屋が写真を手放すわけにもいかない。おかげさまで、利益が出るようになっています」

　オフィスは、各自の座席が決まっていないフリーアドレス制で、生え抜きの社長の浜田宏幸さえ、所定のデスクと椅子はない。この日は、まさしく衆人環視で、感染予防の透明アクリル板の目立つオフィスの真ん中でノートパソコンを開いていた。北村は、「いまの僕は週に何回か来て二、三時間いるだけだけど、社長が公衆の真ん中にずっと座っているのって精神力がいると思いますよ。かわいそうに」と半ば面白がっている。

　個人情報とプライバシー以外に知られて困るものはないという北村の考えのもと、経営にまつわる詳細な数字は、社内にとどまらず、取引のある銀行や会社にも公開してきた。
社内では、肩書で呼ばず、さん付けと決まっている。創業者さえ「北村さん」と気さくに呼ばれる。

「上司の気持ちを社員が忖度《そんたく》するような会社には絶対したくなかった」

「社長が演説するアホな会社は嫌」

「がんばれなんて一度もいうたことない。社員には好きにさせているんです」

誇らず、威張らず、ひけらかさず。フェアで飾り気のない人柄は、どうしても故郷の英雄をイメージさせる。

## 坂本龍馬ゆかりの川が遊び場

一九一二（大正元）年生まれの父・北村政喜が三四（昭和九）年、高知市内に開いた「キタムラ写真機店」を発祥とする。外国産スポーツカーと同等の超高級カメラも取り扱った。四一年生まれの長男である北村正志は、「およそ親のいうことを聞かなかった」と幼少時を振り返る。高知城にほど近い栄えた城下町に育った。夏になると、その昔、坂本龍馬も水練に励んだと伝わる鏡川《かがみがわ》を、ふんどし一丁で一日中、泳いだ。人口の多い市内を流れる川ながら、人の姿が水面にきれいに映るさまから、その名がついたという清流である。

路面電車「とさでん」の往く幹線道路沿いに、いまも第一号店が残る。登記上の本店も、東京の本社とは別に、高知市内のビルに現存する。

ｉＰｈｏｎｅの正規サービスプロバイダとしても店舗を展開し、カメラのキタムラで、販売だけでなく、下取りや修理、メンテナンスまで手がける。客自身がスマホやデジタルカメラのデータをプリントしたりＣＤなどの外部機器に保存したりできる端末も店内にずらりとあり、画面を眺めながら楽しむ客の姿が絶えない。北村は、父が株式会社として法人化させた家業を、のちにチェーンとして改めて発展させていくにあたり、「気軽に入れて、何も買わなくても出られる店」をめざした。

高額のカメラ本体をガラスのショーケースに陳列しつつ、フィルム販売とＤＰＥを主な生業とする十坪に満たぬかつての写真店の多くは、年かさの店主が常に売り場に目を光らせている息の詰まる空間であった。万引き防止のためと知りつつ、客としては、高級ブランドのジュエリーショップのように、店に入るときも出るときも少しばかりの緊張を強いられて苦痛であることこのうえない。業界で当たり前とされていたそのような慣習を、北村正志はまず変えたかった。若い従業員が一人でも二人でもいる店であるなら、経営者は四六時中、神経を尖《とが》らせる必要もない。北村は、そのような店をまず理想に思い描いた。

平日の午前、とさでんがカタンコトンと往き交う道よりこの一号店を外からしばらく眺めていて、市街地にあるコンビニエンスストアのように老若男女の客が気軽な様子で頻繁に出入りする光景に驚かぬわけにはいかなかった。

## 学生運動で早大を除籍に

北村正志は、地元の進学校として知られる私立土佐中学校・高校では水泳部に所属し、インターハイ（高校総体）や国体に出場したこともある。

一九五九年、上京し、早稲田大学第一政治経済学部に入学する。六〇年安保闘争の華やかなりしころで、ご多分に漏れず学生運動にのめり込む。法学部に学んでいた妻となる女性とはキャンパスで知り合った。当時を懐かしむように、デカダン、トロツキスト、ブント、コミンテルン、新左翼、学生細胞といった言葉が次々と繰り出された。が、自らのこととなると、素っ気ない。

「ときに乱闘にもなったし、ギンギンにやりすぎて逮捕されて、一年八か月の執行猶予付きの刑法有罪の判決を受けましてね。大学から、はがき一枚の通知が来て除籍になりました。だから最終学歴は高卒です」

除籍となっても、仲間の多い大学へはしばらく通っていた。早稲田にいた六年ほどの時間が、さまざまな体験と知識を北村正志に植えつけたろうことは想像に難くない。

将来をともに歩むと決めた女性がいながら、大学中退であるうえに、執行猶予付きとはいえ前科のある身で、就職口がない。さすがに父に泣きついたものの、家業ではなく、富士フイルムの有名な特約店である取引先の浅沼商会という卸会社に、一九六五年、丁稚奉公同然に出された。

「反抗ばかりしていたのに父は優しくしてくれました。ただし、浅沼商会にしばらく行ってこいと。僕は、毎日、倉庫で掃除ばかりさせられるのが嫌でたまらんで、また学生運動に戻ろうかと夜逃げ同然に飛び出しかけた。ところが、その直前に嫁が察して親父に密告しましてね。父が血相を変えて飛んできたんです。親父は僕をよく支えてくれました」

これを機に、仕事に専念すると覚悟を決めた。二年後、キタムラに入社を許される。

父が営むキタムラは、会社の金庫とオーナー家の財布が一緒くたになる店が少なくない時代から、経理責任者を置き、社長以下、全員を月給制として、公私混同を許さなかった。

この父の信条は確実に長男に影響を与えたろう。のちのことになるが、賃上げ闘争と、ストライキという名目の職場放棄をするとの理屈づけで、労働組合を嫌うオーナー経営者の多い時分に、「堂々たる経営がしたい」と、北村が第二代社長となって三年後の一九八八年にキタムラには労組が結成された。健康保険組合も組織し、社員に健康診断や人間ドックを受けさせる仕組みを整えた。平和や公正を理想に掲げて団結した若人たちの学生運動の良心の原風景をそうしたところに見てとろうとするのは、牽強付会というものであろうか。信義を重んずる象徴的な点をもうひとつ挙げるとするなら、全国チェーンとなっても、株式会社キタムラは長く、メインバンクを高知市に本店を置く四国銀行としていた。

一九七〇年に取締役となってまもないころ、香川・高松の書店を眺めていたとき、すでに詳述した経営コンサルタントの渥美俊一の著書がまとまって並んでいるのを目にする。ほどなく、渥美の主宰するチェーンストア経営研究団体「ペガサスクラブ」の会員になり、セミナーを受講し始める。高級外国産車一台と同等の価格にすらなるカメラを主力商品として取り扱い、来店頻度の低い業種でも果たして一千の出店が実現できるのか、という日本では誰も達したことのない地平への無謀ともいえる挑戦の始まりともなった。

渥美の著書と出会ったのと同じころに北村が「心酔した」といい、「永遠の指導者だと思う」と挙げるのが世界的な経営学者P・F・ドラッカー（一九〇九－二〇〇五）である。たとえば、「企業の目的は顧客の創造である」という哲学めいた有名な一言は、読み返すごとに、ボディーブローのようにずしりと効いた。本質を衝きながら無理に結論へと導こうとしない筆致にも惹《ひ》かれた。

「のどが渇いて水を飲み干すように読みました。経営者としては、渥美先生とドラッカーが私を導いてくれたですね。いまも週に三、四回は本屋に行かんと、なんか落ち着かん」

## 業界の常識を覆す店

四国内に、二号店、三号店とキタムラは規模を少しずつ広げていた。個人経営のDPE店の代理店業、フィルムなど商品を納入する卸業も経営の根幹をなしていたため、得意先を露骨に脅かすような出店は憚《はばか》られる。そこで、一九七六年、一気に瀬戸内海を越え、取引先のない岡山市内に「カメラのキタムラ」の第一号店をオープンさせる。商店街や市街地に十坪から二十坪程度の店を開くのが主流の時代に、辺りが田んぼだらけの鄙《ひな》びたロードサイドに約百坪の単独大型店を開いていく。

「気軽に入れて、何も買わなくても出られる店」の、これがスタートであった。旧来のカメラ店にはない、客がほぼすべての商品を自由に手にできる〝半セルフサービス方式〟を導入した業界の常識を覆す店として、繁盛を極めた。岡山県内に二十六店を出したことで飽和に近づいたと判断し、西へ、東へと進出していく。

「黒煙を舞い上げるように店を増やして侵略していきました。あのころ、私は同業のカメラ屋に悪魔のように嫌われたんじゃないですかね」

だが、店舗網の拡大には、非常に慎重であったともいえる。百店になるのに十年を要し、二百五十店となったのが一九九九（平成十一）年のことである。三十年かけて実現したことを、こんどは三年でやってやろうと、毎年百店を出すという破竹の攻勢に打って出た。

二〇〇一年に直営で五百五十店に達し、当時の東京証券取引所ＪＡＳＤＡＱ上場を果たすが、このころより、北村のいう「地獄」は始まる。アナログのフィルムのカメラはデジタルのそれに急速に乗り換えられることになったのである。

フィルム時代の最盛期、全世界でカメラの年間出荷数はおよそ四千五百万台といわれた。デジタルカメラのピーク時には、その三倍になったとされる。だが、あっという間に世界中でスマホが席捲《せっけん》するところとなった。キタムラでも、カメラ本体の売上高は十分の一に激減する。フィルム販売でもＤＰＥでも利益を上げるのが困難に陥り、壊滅的といっていい危機に瀕した。店を三年で五百五十に急増させたら、売り上げは毎年、半分ずつ減り、三年で十分の一と瀕死の状態に陥った。「まさか六十歳を過ぎて地獄を見るとは……」と、ため息をひとつついた。

「デジタルカメラにやられ、次はスマホに殺されかかって、うちはよう生きとると思いますわ。とにかく黒字が出なかったら誰も相手をしてくれんから、もがいてもがいて、死に物狂いで新しい付加価値、新しい粗利益を生み出そうと、考えられることは全部、懸命にやってきました」

北村は、二〇〇二年、大卒生え抜きの四十七歳に社長職を委ねて会長に就き、経営の第一線を退いた。

キタムラは、厳しい経営環境に陥った同業他社を吸収合併する一方、赤字事業を整理していき、一千店超のチェーンになっていった。業界のマーケットが縮小する中で、キタムラが少しずつシェアを広げるという、不確かで心細い暗夜行路の時代だったといえよう。二〇〇五年には東京証券取引所第二部上場となっていた。

事業多角化の一環でレンタルビデオチェーン経営に乗り出していたことがきっかけで、業界の圧倒的な雄「ＴＳＵ《ツ》ＴＡ《タ》ＹＡ《ヤ》」を運営するカルチュア・コンビニエンス・クラブ

（ＣＣＣ）の創業社長、増田宗昭と面識ができる。十歳下の増田について「感じのいい若い人だと思った」という北村は、会ったその場で「五十万円の月給で、うちの社外取締役になってくれませんか」と頭を下げた。キタムラのレンタル店をＴＳＵＴＡＹＡの代理店系列とし、さらにＣＣＣの発行するＴポイントカードにも加盟して、連携を強化する。

　ＣＣＣとの関係を深めながら、「僕なんかはもう終わった男」と経営を生え抜きの後継者たちに任せてきたが、二〇一四年から下がりつづけてきた業績がさらに悪化して一七年三月期に初めて最終赤字に転落した七十六歳のとき、キタムラ単独で再浮上を果たすのは難しかろうとオーナーとして半ば肚《はら》をくくった。

　自然と行き着いたのがＣＣＣの増田宗昭にキタムラグループの後見役を任せることであった。北村の念頭にあったのは、会社を存続させ、従業員の雇用を守ることである。その要望を、増田は固く守ると約束した。もう一つ、キタムラの長年の安定株主であったカメラ関連会社や金融機関に報いるため、高値で株を手放すこともできる株式公開買い付け（ＴＯＢ）による子会社化を望んだ。この条件にも増田は異論を差し挟まなかった。

「ＣＣＣは、ＴＯＢのために時価よりも高く株を買いつけて百八十億円くらいのキャッシュ（現金）を使ってくれた。しかも、黒字を出しつづけて、従業員の雇用もずっと継続していただいている。増田さんは本当に立派な事業家だと、いまも敬服しとります」

資本・業務提携を経て、二〇一八年、キタムラはＣＣＣの完全子会社となった。翌一九年の四月には、子会社を含めたキタムラグループ全体を再編しながら、主要会社を統括してＣＣＣの傘下に組み入れ、キタムラ・ホールディングスが発足した。ＣＣＣは、企業経営部門のスペシャリストである武田宣《のぶる》をキタムラへ会長として送っているが、君臨すれども統治せず、という姿勢を今日まで貫いている。

社長の浜田宏幸は、とくにＣＣＣの傘下になって以後、「写真の専門会社であるというプライドのようなものは一切、持たないようにしています」と話した。

「キタムラのリソース（経営資源）だけでいくら工夫をしても乗り越えられないことが多くて赤字になったのですから。いまは、出版物も音楽も映画もビデオも全部、写真と同じように新しい楽しみ方に変わることで収益構造も変わろうとしている。ＴＳＵＴＡＹＡさんと新しい取り組みをしていくことで、また多くの人が集まってくる、より豊かな産業に生まれ変われるのではないかと期待しています。やれることはなんでもやっていきますよ」

スマホでおよそ万人が手軽に写真を撮るようになって久しい。同時に、減りつつあるとはいえ、それを印画紙にプリントしたいというニーズは確実にある。北村の話す「相対的占有率拡大」という表現は、こうした辺りを、静かに、そして重みを帯びて説明している。二〇一七年より、年賀状の印刷を最短一時間で可能とするサービスも始めている。浜田は「サービス開始の最初の十二月で何十億円という商いになりました」と目を丸くした。

「夏休みの宿題を子どもたちがぎりぎりになって少し泣きながら始めるのと似ているのではないでしょうか。人気も知名度も高いコミカルで渋い俳優の安田顕さんにテレビコマーシャルのキャラクターになっていただいたこともあってでしょう、キタムラなら大丈夫そうだというイメージが私たちが思う以上に早く浸透しているようです」

手元にある年賀状をまとめて店頭に持ち込めば、送り主の名前と住所を機械が読み取ってデータ化し、宛て名の印刷まで迅速に終えるサービスも始めて、カメラのキタムラの新たなる高収益事業の柱として育ちつつある。全国に張り巡らされた店舗網の利点を活かし、インターネットで予約した商品を、顧客の好きな日時に最寄りの店頭で待ち時間なく受け取ることができる事業でも一頭地を抜く。浜田は「世界に一つしかないものを、日本中どこの店舗でもお受け取りいただけます」と自慢の仕組みについて述べた。新品のｉＰｈｏｎｅであれ、ビンテージものの高級中古カメラであれ、実際に手にした商品が気に入らなければ原則としてキャンセル料をとらないというポリシーも貫いている。「気軽に入れて、何も買わなくても出られる店」という北村正志の願いは、スマホを主体としたインターネット取引全盛の時代にあって、なお徹底して追求されている。そして、北村の話す「考えられることは全部、懸命に」、また浜田がいうように「やれることはなんでも」やってきて、現在のキタムラグループがあると伝わってくる。

同時に、CCCとの協業の凝縮された未来像がすでに現出しつつある。

## 自らの月給を毎年、半分に

世界がただならぬ疫病の拡大に心身をやつしているさなかの二〇二〇年の七月、通《つう》の間で〝カメラの聖地〟と呼ばれる東京・JR新宿駅東口の至近に「北村写真機店」がオープンした。CCCが展開してきたTSUTAYAのアンテナショップのノウハウと、キタムラの長年のそれが融合し、雑多な繁華街に近未来のような店を実現させた。

「気軽に入れて、何も買わなくても出られる店」というコンセプトはここにも表れている。アナログカメラのフィルムが幅広くそろえられ、いまや懐かしい「写ルンです」まで並ぶ。コーヒーチェーンのスターバックスも入っていた。カメラやスマホの売買が気軽になされている。開店からすぐ、ドイツの世界的なカメラメーカー「ライカ」の年代物の希少品が一台三千万円の値で売り出されて話題を集めた。写真にかかわるあらゆる商品とサービスを取り扱う専門店と知らずに入れば、驚くこと必定である。

社長の浜田は、新たな旗艦店について「当社がこれからもカメラ関連商品を必死で売っていきますよ、という宣言だと思ってください」と笑みをこぼしつつ、「誰よりも新宿の新店オープンを喜んだのは北村さんで……」とつづけた。

当の創業者は相好を崩した。

「そうそう、学生時代からうろちょろしてた街ですからね。私自身が大衆の一人として喜んでる。浜田さんたちが奮闘して、キタムラはずっと黒字を出しつづけてくれています」

心筋梗塞に二度見舞われ、血管にステントを埋め込む手術も受けた。手軽な運動のつもりで仲間と楽しむゴルフは、「腕前とはいえないレベルです」とスコアなど気にしない。

「会社の負担にならんよう、年が改まったら、僕の月給を半分にしてください、と何年も前から頼んで、毎年、半分の半分、半分の半分……と減って。でも、少しは貰わんと来る気にならんし。勝手ですな。週に何回か来て、みんなの顔を見て安心してる。僕なんか終わった男なのに」

話を聞いていた二時間半あまり、何度となく「僕なんか終わった男」と繰り返した。そして、「いやあ、きょうはいいカタルシスになりましたわ」と、やはり幾度かいった。字義どおりの「心の浄化」という意味であったのか、「語るシス」という駄洒落にも引っかけた軽口であったのか、訊ねなかった。マフラーをふわりと巻いて、窓ガラスの向こうは粉雪の舞うオフィスをあとにしようとする上気した横顔を見ていて、どちらでもいいと思えてきた。

# 第三章　一〇〇年企業の叡智

貝印（ＫＡＩ）グループ

# 遠藤宏治会長

## グローバル市場へ斬りこんだ〝刃物の町〟の強者たち。

**「神聖な儀式のひとときだと、毎朝、思う」**

剃刀の薄い刃先を肌にあて、つつつ、と這わせるとき、ぞくぞくするような恍惚と、えもいわれぬ緊張とに襲われ、やがて一振りして、充足と安堵に満たされる。文明の利器がいかに高度に発達しようと、私たちは、朝な夕な、そのような原始的ともいえる行為を暮らしの営みの一つとして重ねてきた。

世界に冠たる業界トップメーカー貝印の代表取締役会長兼ＣＥＯ（最高経営責任者）の遠藤宏治も、電気シェーバーを使わず、朝の洗顔のとき、シェービングフォームをたっぷりと塗り、鏡を見ながら自社製の五枚刃の剃刀をゆっくり滑らせる。

「身だしなみを整えて一日のスタートを切る。その神聖な儀式のひとときだと、毎日、思います。たとえ定年退職しても、出社する必要がなくなっても、髭《ひげ》をきちんと剃るという区切りから一日が始まるのは私にとって変わらないことでしょうね」

二〇二一年六月、岐阜県関市にあるオフィスを訪ねた。

写真撮影のため、ほんのわずかな間ながら、求めに応じてマスクを外した。剃り跡が実に青々しい口元と顎は社業を体現するようであった。六十五歳の精悍な経営者の相貌は、研ぎ澄まされたようでいて、育ちのよさが温かくにじみ出ている。

遠藤によれば、男性の髭は毛髪より太く約〇・三ミリあって硬いのに対し、剃刀は一枚〇・〇七ミリでしなるように肌へ直に刃先があたる。そのことによって、髭を剃るだけでなく、肌の表面に浮いた老廃物もこそぐように落としていくので、見た目以上につるりとすっきりし、健康にもいいそうである。電気シェーバーは網状のプレートで覆われているため、刃が肌に直接あたることはなく、深剃りができず、老廃物を除去する効果は得にくいらしい。

## 水と木、土に恵まれた地

まだ自宅に風呂を備えている家庭が少なかった時代に、毎晩、銭湯に通っていたアパート住まいの記憶を私なぞは印象強く持っている。裸の男たちが湯気で曇った鏡の前で、背を丸め、静かに剃刀を顔に滑らせていた後ろ姿は、なにがしかの郷愁とともに忘れがたい光景として残る。むろん、そうした習慣は日本に限ったものではないのだが、なぜ私たちがかような文化を持つに至ったのかといえば、国内の暮らしだけを考えたとして、少なくとも八百年以上の昔までさかのぼらなければ説明はつかない。

美濃国の関郷、現在の岐阜県関市は、古くは鎌倉の時代から、日本屈指の刀剣鍛造の地として知られた。

天下を分ける関ヶ原の合戦の場となったように、美濃国は、関東や大坂、尾張といった要衝に交通の便がよく、さらに、水と木、そして土という天然資源に恵まれていたことから、腕のいい鍛冶職人を多く輩出した。とくに名工として誉を得たのが室町時代後期の「関の孫六」で、現在もその名を冠した貝印の包丁のブランド「関孫六」が世界に名を馳せている。

日本三大清流の一つと呼ばれる一級河川の長良川、さらに山は砂鉄や石炭に恵まれ、そして松などの油を多く含む樹々が生い茂って良質な炭を供給し、「折れず、曲がらず、よく切れる」と三拍子そろった鋼の刃を鍛錬した。その名刀が関の代名詞として今日に受け継がれている。

貝印（ＫＡＩ）グループは、初代の遠藤斉治《さいじ》朗《ろう》が地元の尋常高等小学校を卒業後、関の

**貝印（KAI）グループの沿革**

| | |
|---|---|
| 1908年 | 関市に初代遠藤斉治朗が創業 |
| 1920年 | ポケットナイフの生産を充実させる |
| 1932年 | 初の国産カミソリ替刃の製造を開始 |
| 1947年 | 二代目遠藤斉治朗が社長に。刃物類の卸売業を開業 |
| 1949年 | 合資会社三和商会を東京に設立 |
| 1956年 | 海外に刃物類の輸出を開始 |
| 1967年 | 三和刃物株式会社に改称 |
| 1971年 | 遠藤刃物製作所で包丁の生産を開始 |
| 1973年 | 三和刃物工業でハサミの生産を開始 |
| 1977年 | アメリカ・ポートランドに現地法人を設立 |
| 1978年 | 香港に現地法人を設立 |
| 1980年 | ドイツ・ゾーリンゲン市に現地法人を設立 |
| 1982年 | 貝印刃物株式会社に改称 |
| 1984年 | 医療メスの製造を開始 |
| 1988年 | 新体制「KAIグループ」スタート |
| 1989年 | 遠藤宏治 社長就任 |
| 1998年 | 世界初の3枚刃替刃式カミソリ「K-3」発売 |
| 2008年 | 創業100周年。中国・広東省に現地法人を設立 |
| 2018年 | 新工場を竣工し、医療器工場を拡張 |
| 2021年 | 遠藤宏治 会長兼CEO、遠藤浩彰 社長兼COO 就任 |

ポケットナイフ工場で約八年の徒弟修業を積み、一九〇八（明治四十一）年、十九歳のとき、ナイフ打ちの親方として独立したことを起源とする。国内に比肩する同業他社のない刃物一筋百年超の歴史がここから刻まれるのである。

鎚を振るい、鑢《やすり》で砥ぎつづけて刃物をこしらえていく職人たちは、手の指の関節が曲がったままで真っすぐに戻らなくなるという苛烈な日々の労働をむしろわが誇りとした。

「遠斉《えんさい》さん」と親しまれた初代の遠藤斉治朗は、周囲から「一年を五百日にして働いてござる」と敬服されるほどの刻苦勉励の人物であった。主にアメリカ、ドイツからの輸入に頼っていた安全剃刀やその替え刃を国産として初めて作り果《おお》せた立志伝中の人物で、遠藤宏治の祖父にあたる。他社ブランド名での受託製造であるＯＥＭ生産にも乗り出し、羽毛を意味する「フェザー」という商標と社名を新たに立て、剃刀とその替え刃を大いに売りまくった。関の町議や市議、さらに商工会議所会頭など、地元の公職をいくつも兼ねる名士となりながら、趣味の囲碁にとどまらず、パチンコ、株式相場と、大博奕に打って出るような山っ気は晩年まで衰えることがなかった。一九五八（昭和三十三）年、六十九歳で病没する。

初代の遠藤斉治朗に子どもはなく、縁戚の兼松繁が養子に入って第二代として跡を継ぐことになった。やはり尋常高等小学校を終えると、養父母とともに油にまみれて剃刀の製造に明け暮れていた繁は、長じて、市場を開拓中の北海道へ支店を新設するべく営業活動に赴くたび、名産の帆立貝に何かのヒントを見い出さんとした。貝殻は、古代、貨幣としても使われた。その姿、形は、流麗で美しく、刃物としても用いられていた。なにより、貝は誰かに危害を与えることをしない。貝の英語表記「ＳＨＥＬＬ」は自らの出生名「繁《しげる》」の音にも通じるのではないかと本人は考えた。ここに、兼松繁こと第二代の遠藤斉治朗によって、「貝印」という商標が新たに定まるのである。

　遠藤宏治は、穏やかに淡々と「苦労人であっただけに、父には、徳というものがあったのではないかと思います」と話した。

「二代目の遠藤斉治朗も、祖父と同様に小学校を出ただけで最初は丁稚奉公で働き始めました。祖父は日本でいちばん最初に国産の剃刀を作った人で、職人肌だったといえます。父は初代譲りの職人のセンスも持ちながら、お取引先を大切にして、その国産の剃刀をいかに売るかという商人の才覚に富んだ人で、この父子の努力が二代にわたって組み合わさって、いまのＫＡＩグループの礎を築いたのではないかと思います」

　また、父の第二代遠藤斉治朗は、人づきあいを日ごろから重んじていて、東海エリアの経済団体にも多くかかわっており、その「徳」もあって、若くして社長職を継ぐことになった自らは、多くの支援者に恵まれたのではないかと遠藤宏治はつづけた。

## 一貫した製造販売へ転換

第二代斉治朗は、やはり関で鋳造会社を営む経営者の娘で〝ミス関〟にも選ばれた才媛の久子と結婚する。下請け工場や取引会社を介することなく、代理店の協力は得ながら、剃刀や爪切りの製造販売を一貫して手がける近代企業への転換を図っていった。二代斉治朗は、全国各地でスーパーが急成長し、商流の大きく変わる時代に巻き込まれながら、安売り競争にさらされたり、金物問屋グループに敵視されたり、さらには古参の幹部社員に独立されたりと、安定した品質の商品の供給面でも資金繰りの面でも苦労が絶えなかった。裕福な家に育ち、それなりの財産と結納金を持って嫁していた久子は、金策に困り果てる夫の窮状を見かねて、預金通帳を黙って差し出すなど、まさしく内助の功で支えた。夫から贈られたエンゲージリング以外すべての宝飾品も手放したと伝わる。現在の主力である小屋名《おやな》（関市）工場の元となった敷地は、久子の助力なくして購入することが叶わなかったといまも社内で語り継がれる。

「ダイエーさん、西友さん、現在のイオンさんといった全国チェーンのスーパーなどの流通大手企業と非常に縁を深めていった時代です。苦労は少なくありませんでしたが、多くのスーパーさんたちが多店化をされていく波にわれわれも乗ることができました。いろいろな商品の品ぞろえを充実させることができたからです。同時に痛感したのは、刃物という製品は、ただよく切れればいいのではないということでした。剃刀から包丁、爪切り、はさみ、カッターナイフといったように、暮らしのシーンに合った生活提案ができなければお客様に受け入れてもらえないと学ぶことができたのは、当社にとって大きな経験になったと思いますね」

跡継ぎであった当の遠藤宏治は、中学ではバスケットボール部の主将としてポイントゲッターでもあり、関市の大会でチームを優勝にも導いた。

物心ついてより、遠藤の記憶では、とにかく関には刃物商が多く、刀鍛冶をルーツとして発展してきた町なのだという印象が強かった。

「いまの関市は市町村合併が進んで九万ほどの人口になりましたが、私が子どものころは四万から五万人だったでしょうか。それでも事業所数が当時すでに二千ほどもあって、プレス屋さんから熱処理業者さんといった具合に、大小の刃物屋関連の会社ばかりで、石を投げれば社長さんに当たるというくらいでしたね。刃物は、海外ブランドのＯＥＭや下請け製造も含めて、完全に分業体制とネットワークで成り立っている、鎌倉時代末期からの非常に長い歴史のある関の最大の地場産業でした」

　地元の名門として通る県立岐阜高校に進んでからは勉学に打ち込み、一九七四年、早稲田大学政治経済学部に現役で合格を果たしている。卒業後、米国に留学し、二年でＭＢＡ（経営学修士）を取得する。帰国して家業にいったん入ったのち、出向という形をとって文具メーカー大手のコクヨで修業を積む。この時代について、「お決まりのように、腰かけで大手銀行に行ったりしなくてよかった。たいへん勉強になりました」と振り返る。

「貝印の跡取りであるという特別な扱いをされず、当社とお取引のあるカッターナイフやはさみといった商品とも関係のない、オフィス家具の販売など、営業全般を担当するいわゆる平社員として仕事を叩き込まれました。得意先のクライアントとのつきあい方、売り上げの目標をいかに達成するかなど、仕事の初歩や原則を教わったと思いますね」

　二年で貝印に戻り、刃物開発や仕入などを担当する。社長である父は「商品の開発より、自分の人間性を開発しろ」と口癖のように一人息子に語り聞かせた。三十三歳で副社長に就いた矢先の一九八九（平成元）年九月、病床にあった父の二代目斉治朗が六十四歳で息を引き取る。喪主として社葬を執り仕切った翌日、遠藤宏治は社長に就任すると、関市にある貝印が所有する迎賓館で初めての幹部会を招集した。およそ百人の幹部たちの中には、赤ん坊のときの遠藤を知る古参社員もいた。「最初が肝心だ」と考えたという遠藤は、「みなさんの頭から、これまでの宏治君というイメージを拭い去ってください」と宣し、全員に父のネクタイを形見として分けた。先代を弔うと同時に新しい時代へ移るための儀式であり、鬨《とき》の声だったのであろう。

取引のある銀行の支店長は年長者ばかりであり、役員会でも最年少であった。幸いだったのは、年長の彼らがみな応援団のように親身な協力と助言を惜しまず、若き新社長を盛り立てたことである。初代、二代目が家族ぐるみで会社を切り盛りしてきた貝印という企業グループの独自の社風は長年をかけて育まれてきていたのであろう。株式非公開を貫いてきたオーナーシップの所産という側面もあった。

晩年、入院している父と病室で二人きりで話すことが幾度かあった。父は「なにごとも人の気持ちを考えて按配よくやらなければいけない」と諭した。そして、「社長に就いたあと、三年くらいは何もするな」と遺言を残すように語りかけた。あと十年の余命があったなら戦国時代の歴史を変えたといわれる武田信玄は、労咳で息を引き取るとき、後継の勝頼に、自らの死を三年の間、公には秘すようにと強く諭したと伝わる。すぐに大将としてリーダーシップを揮《ふる》おうとするのではなく、重臣らの組織、ライバルたちの動静、時代の潮目などをよく見極めなければならないという承継の要諦として例に挙げられるエピソードである。しかし、多くの場合、その遺言ともいえる願いは守られず、組織が瓦解し、ひいては一族が滅亡する悲劇を招くことになる。

　遠藤宏治は、父の教えを固く守った。

　その真意を胸に秘めるように守り、経営の構想を描きながらも、三年間、大きくは動かなかった。やがて、よく見えてきた。社内に優れた人材が数多く育っている、と――。

　次代の経営計画を立てるうえで、遠藤宏治がまず重要だと考えたのは、剃刀に始まり、包丁や爪切り、カッターナイフ、はさみと、あらゆる刃物を専門に取り扱う、世界でもあまり例のない独自の会社であるという特徴を、決して見失わないことである。したがって、生活雑貨の延長線上で発想したような日用消耗品などに製品ジャンルを安易に広げることはしない。新分野の商品群へ手を広げることには慎重を期してきた。多角化という美名は、経営者の判断をたやすく鈍らせ、会社の行く末を大きく過《あやま》つ、最たる陥穽である。変えないことを守りながら成長をつづける経営というものは難しい。それを実現している会社には、たゆまざる独自の革新と創意工夫が必ずある。

「幸か不幸か、私が社長になったとき、すでに父が亡くなっていましたし、会長のような役職の人もいなかったことも、大きく関係していたといえるかもしれません。社内では誰も相談する人がいませんでしたし、私の考えに大きく干渉する人もいませんでした。ある意味では、やりやすかったといえるのかもしれませんね」

遠藤宏治は、自ら欧米を視察して回るだけでなく、幹部社員たちも積極的に渡航させ、世界の動向の把握にも努めてきた。そして、国内が八割であるのに対し、二割にとどまっている海外での売り上げを伸ばす長期計画を立てた。人口減少もあり、国内市場が飽和に近づきつつあることは予想できた。少子化と高齢化が同時に日本に現れることも指摘されていた。むろん、関孫六という地域の祖業から名づけたブランドを守ってきたように、メイド・イン・ジャパンの品質にはいささかも妥協を許さない方針も示しつづけてきた。現在、ポケットナイフやハンティングナイフなどの固有の需要が常にあるアメリカに大型自社工場を持つ。コスト削減だけを目的にせず、現地のマーケティングを重視し、中国やベトナム、インドなどでも工場や事業所を展開している。

## 年商の半分は海外

まだ二枚刃が主流だった一九九八年に、貝印は世界初の三枚刃の剃刀を開発し、それが基幹商品となるだけでなく、海外での社名とブランドの認知度を高めることにもなった。

「アメリカで剃刀のトップメーカーといえばジレット——いまのP＆Gさんですが——という時代で、国内ではシェアをいただいていたわれわれも、海外ではなかなか広まらず、苦戦していました。そうしたこともあって、やはりジレットよりも先駆けて世界初の三枚刃をどうしても商品化したかった。この三枚刃の剃刀の商品化を世界で初めて実現できたことが大きな追い風となって海外への展開が加速していくことになりました」

二〇〇〇年には、関孫六につづく「旬」という高級品のブランドをラインナップし、ドイツに先行されている包丁の分野でも海外に浸透する足がかりとなった。

「世界市場で刃物といえば、ドイツのゾーリンゲンやヘンケルといった有名メーカーのブランド力と信用が圧倒的で、日本の刃物の評価はそれほど高くなかったんです。それまでも、貝印としていろいろな商品を出すという努力はしてきたのですが、なかなかブレイクするというところまでには至らなかった。『旬』は世界のマーケットを変えるようなゲームチェンジャーになってくれました」

トム・クルーズ主演の映画『ラスト サムライ』の世界的ヒットにより、和食ブームや日本の刃物が注目されるなどの追い風もあり、「旬」は累計で八百万丁以上が売れ、目下は一千万丁突破が社内の目標となっている。

いまでは、約四百四十億円の年商の半分を海外で稼ぎ出すまでになった。初代が職人として会社の土台を築き、二代目が販売にも力を入れて国内のブランド力を高め、三代目がより海外に発展させたということになろう。円高のつづいた時期は、輸入部門に追い風となり、逆に輸出部門には向かい風となった。為替相場に一喜一憂するより、貝印らしい真の商品づくりとはどうあるべきかと自らに問い、全社で追求してゆく時機に変えた。

頼るべき父を失ったまま三十三歳で社長に就き、人生を折り返すように約三十三年を務めてきた。「コロナの先行きなど、不透明な要素は少なくありませんが、晩節を汚すのはよくないことでしょうし、煙たがられる前に交代しようと思った」といい、二〇二一年五月、長男の浩彰に社長を引き継いだ。ＣＯＯ（最高執行責任者）を兼ねる三十六歳の新進気鋭の四代目である。

「新しい新鮮な酸素を取り入れるためには、体内の空気をいったん吐き出さなければならないと、よくいいますね。会社における社長交代にも似たようなところがあると思います。

思い切るときは思い切って決断するということが必要なのではないでしょうか」

子息に社長職を譲ってまもない父親にその心境を訊ねると、不安で仕方ないと表情を曇らせる経営者が少なくない。会社の行く末を案じるとともに、愛息の経営手腕を冷や冷やする思いで見守っているからであろう。また、社長として独り立ちした以上は、たとえわが子であっても口出しをするまいと自制するがゆえに悶々とする日々、ついつい世話を焼いて嘴《くちばし》をはさみたくなるのを堪《こら》えてストレスを抱える心境について、それぞれに胸中を率直に明かすのであろう。

遠藤宏治は、貝印グループで初めての会長となった。静かに後見役に徹するつもりであろうが、子息に社長職を託したことについて、懸念はないかと問うと、すぐに「ありません」と険のない笑みが返ってきた。

「時代が変われば、人も、人の価値観も変わるでしょう。祖父の時代、父の時代、私の時代と、それぞれがいまの時代に何がベストかと考えて経営に取り組んできました。人に誠実であれという価値観が新社長にも受け継がれるでしょうから、何も心配していません」

刃物という基幹商品を核に、遠藤は「ストーリー」として企業経営を捉え、生活提案型の会社へと脱皮を図ろうとしてきたと話す。いまや商品は一万アイテムに達する。たとえば、美粧用品、つまりビューティーケア用品もそのひとつだが、女性にとっての必需アイテムであるというだけではない。いまや、眉やすね毛ばかりか、胸毛の手入れにも熱心な男性ユーザーが増えており、目立たないながら、売り上げの伸びる成長分野となっている。

感染症の拡大を防ぐ目的からも、新興国などで、用途別に豊富に品種がそろう爪切りが人気を博している。社会貢献の一環で、医療施設などに無償供与する活動もつづけている。爪切りは貝印のシェアが国内トップであるばかりか、いまや「KAI Tsumekiri」として海外でも浸透している。

白内障の手術を受けた経験のある読者諸賢も少なくないのではないか。実は、このような施術の際にも貝印の最新技術が活かされている。かつて、白内障の手術には一週間程度の入院加療を必要とした。現在、わずかにメスをあてるだけで眼内レンズを挿し入れることが可能になり、日帰りでの施術が常識となっている。

「お医者様と長年にわたって共同開発と改良を重ねて、眼球にほんの一ミリほどの傷を入れるだけで済むようになっています。自己閉鎖といって、患者さん自身の自然治癒力で傷口が早く治ります。そのほか、脳外科に心臓外科、皮膚科、産婦人科と、シーンに最適な品質の特殊な刃物を、たとえ大きな売り上げにはならないとしても、クオリティー・オブ・ライフ（生活の質）向上のためにわれわれは作っていきたい。工業用あるいは産業用に特殊なスペック（仕様）の刃物が欲しいという要請があれば、たとえ量産はできないようなものでも、お応えしていくつもりです」

マリッジリングとは別に、右手の中指にカルティエが光っている。

「自らのセンスを磨くためにも、ちょっと洒落っ気があったほうがいいのではないかと考えているんです」

和んだように微笑み、「まだ正式には発表できませんが、いま大型の新ブランドを開発中でしてね」と身を乗り出した。誠実な経営を志向しながら、遊び心を率先垂範する。鋭利で繊細な製品づくりを継承していく歩みの一端を、ふわりと垣間見た気がする。

追記

二〇二二年三月、「関孫六」ブランドで最大の売り上げを誇るオールステンレス包丁シリーズ「匠創」を拡充させた。刃体からハンドルまで継ぎ目のない一体構造で、耐水性が高いために食器洗浄機にも対応しており、右利き・左利き兼用となっている。

二〇二二年三月期では、貝印（ＫＡＩ）グループの年商は約四百五十億円となり、うち、およそ五割を海外の売り上げが占めている。

KOMATSU

コマツ

# 小川啓之社長

## 北陸から世界へ雄飛した骨太メーカーが培った〝企業理念〟。

### 北陸に〝城下町〟をなす世界企業

「株式会社小松製作所」と漢字の登記社名でしゃちほこ張るより、「コマツ」と平易な通り名で、さらには「KOMATSU」という英字表記のほうが私たちに広く浸透している会社なのではないであろうか。その英字ロゴを見かける場合のほとんどは、巨大な建設機械の黄色いボディーなどであろう。建設機械や鉱山機械のメーカーとして国内最大手であり、世界でも米キャタピラーに次ぐ。

東京・赤坂に本社を移し、都心の一等地に地上十階、地下四階建ての自社ビルを構えて半世紀あまりになる。屋上緑化を先んじた高層ビルとしても静かに知られている。

毎年、春分を迎えるころ、国会議事堂のほど近く、皇居を囲む外堀通りと、六本木通り、あるいはその上を走る首都高速都心環状線の交わる大きな交差点から、屋上に桜の花と緑の葉がそよいでいる白亜の建物が視界に入ったのなら、それがコマツの本社ビルである。

社名のとおり、石川県小松市で設立され、創業の地には現在も社員研修施設などが置かれている。二〇二一年五月、正式な会社設立から百周年を迎えた。工場は大阪や茨城、栃木などにもあるが、石川県全体にとってもむろん、とりわけ小松市にとっては由緒ある別格の存在であり、主要工場のひとつである粟津《あわづ》工場などを擁し、一帯はコマツの企業城下町である。

親子代々、コマツに勤務し、「小松一家」と称してはばからない家庭が小松市には多いらしい。息子や娘がコマツに職を得ることは、本人以上に親にとって、将来の安泰を手に入れたも同然の幸いであり、誉れなのであるとも聞いた。石川県人にとり、あるいは小松市民にとり、コマツといかに深く結びついてきたかが端的に表れていよう。いまも、小松市民のざっと三分の一がコマツ関係者であり、中小零細を含む地元の関連・取引先企業は五百をくだらないと、集めた資料にあった。

北陸新幹線を、県内の主要都市にあるJR金沢駅から、JR小松駅まで延伸させる工事が現在、佳境を迎えている。新幹線を小松駅まで伸ばすことは地元住民の長年の悲願であったらしい。現在でも、小松空港から小松駅へはタクシーで十分ほどと交通に不便はない。

小松駅の目の前にあったコマツの小松工場跡地に創業時の旧本社社屋や工場の建物を復元するなどし、子どもたちが楽しめるアミューズメント施設として、またコマツの歩みを知る資料館として、二〇一一（平成二十三）年五月、「こまつの杜《もり》」がオープンした。社員の研修施設も備えている。赤坂の本社を頭脳とするなら、こまつの杜はさしずめ心臓部であろう。

こまつの杜の入口前の広場には、巨大ロボットが現出したかのような黄色い超大型ダンプトラック「９３０Ｅ」、超大型油圧ショベル「ＰＣ４０００」がピカピカに磨き上げられて鎮座し、運転席搭乗のデモンストレーションなどもしている。大人も子どもも運転席に座ることができる。マジンガーＺだかガンダムだかが原寸大でお目見えしたかのような迫力に圧倒されていると、ちらちらと粉雪が舞ってきた。日本海に面した北陸の町であることを実感させる。

## 三十年以上も使われる製品

一般に、建設機械メーカーと、コマツは規定される。取り扱う商品は、長いものでは三十年以上使用されるものもある。安価なものでも一機が新車で一千万円ほどとなり、大型ダンプトラックなどではさらに二億円、三億円とスケールが天井知らずのようになっていく。自家用車業界とは商品単価の桁が軽く二つ三つ異なり、海外展開を含めた連結決算で

### コマツの沿革

| | |
|---|---|
| 1921 年 | 竹内明太郎、小松製作所設立 |
| 1924 年 | 市販プレス第 1 号製作 |
| 1931 年 | トラクター国産第 1 号完成 |
| 1938 年 | 粟津工場（小松市）開設 |
| 1943 年 | 国産ブルドーザーの元祖「小松 1 型均土機」を製作 |
| 1951 年 | 本社を小松から東京へ移転 |
| 1953 年 | フォークリフト、ダンプトラック生産開始 |
| 1955 年 | 初の建機輸出（アルゼンチン向け） |
| 1961 年 | 米キャタピラー社の進出に対抗するため品質向上対策を展開 |
| 1967 年 | アメリカへの輸出を開始 |
| 1968 年 | 油圧ショベル生産開始 |
| 1991 年 | 呼称を「コマツ」に統一 |
| 2001 年 | Komtrax（機械稼働管理システム）標準搭載開始 |
| 2002 年 | 創業以来、初の営業赤字 |
| 2008 年 | 無人ダンプトラック運行システムを世界で初めて市場導入 |
| 2011 年 | 発祥の地に「こまつの杜」誕生 |
| 2015 年 | スマートコンストラクション（建設現場の ICT 化）開始 |
| 2019 年 | 小川啓之社長就任 |
| 2021 年 | 創業 100 周年 |

年商三兆円になんなんとする業容にコマツはのし上がってきた。

二〇一九年から第十二代社長を務める小川啓之《ひろゆき》は、大阪に生まれ育ち、父が機械関連の仕事に携わっていたこともあり、「子どものときから、人の背丈の何倍もあるような大きなダンプトラックにかかわる仕事に就きたいと思っていました」と率直に話した。京都大学大学院金属加工学修士課程を修了後、コマツに入社して幼少時の夢を叶えた。

「私どもの製品は、大きく三つに分けられます。まず、建設機械、鉱山機械で、この二つの売り上げがおよそ九〇％、産業機械は一〇％ほどといったところです。近年では、これに林業機械を加えて拡大を図っています。大型の林業機械で単に木を伐採するだけではなく、植林の機械なども導入して生育させることで光合成を促して、$CO_2$を吸収するサイクルにつなげていく試みです」

建設機械とは油圧ショベルやブルドーザー、ダンプトラックなどであり、建設・土木工事などに用いられる。鉱山機械は、地中を掘り起こしたり、山を削ったりして、石炭や銅、鉄、金、ダイヤモンドなどの資源を得る。産業機械は、自動車や半導体などの製造のために使われる装置である。アジアなどでは対人地雷除去機も人命を救うために稼働している。

## 「売って終わり」ではない

建設・鉱山機械メーカーの難しいところで、同時に独自性を発揮する利点でもあるのは、製品を販売して終了とはならないことである。

小川は、日本の建設機械のマーケットは購入とリース式がおよそ五〇%ずつであると話す。単価が高い製品であるだけに、ローンや金利をはじめとするファイナンス面でのビジネスも伴う。大型で特殊な機械になればなるほど、ユーザーは、操作・操縦をするオペレーターの手配やトレーニング、整備や修理のための部品、消耗品の購入、燃料代などの負担が大きくなる。機種にもよるが、部品や補修の手当てで、ユーザーの負担は新車購入価格の総計約二倍増になるともいわれる。

メーカーにとっては、部品供給や中古機械の下取り、リセール（中古販売）と、機械本体の販売以上に、十年、二十年単位での長いアフターセールスが重要であり、安定した収益の柱でもある。

リセール市場について付言すると、日本製の建設機械は中古でも品質がよく、部品が充実していることで世界中の関係者に広く知られていて、高値で売買されている。その代表がコマツ製の建設機械であることはいうまでもない。こまつの杜の広場に展示されている超大型ダンプトラック930Eも、ショールームに置かれた新車のようだが、アメリカの鉱山で約四年、チリで約六年、二十四時間フル稼働して創業の地に凱旋してきたものである。

「われわれが手がけてきたのは製品の売り切りのビジネスではないんですね。ものづくり、アフターサービス、さらにお客さまの現場での施工をより安全かつ便利にするためのたゆまざる創意工夫、そして省力化や無人化、IT化、デジタル化と、より高い価値を創造していかなければなりません。そうしたことと同時に、製品を購入したお客さまが最後に中古で高く売ることができれば負担する総コストも低くできて、コマツの価値をより認めていただけるでしょう。つまり、モノとコト、この両方を全社を挙げて追求しています」

国内に比肩しうる存在のない「ダントツ経営」と標榜したのは、二〇〇一年より〇七年まで社長を務めた坂根正弘の時代からである。坂根は日本経団連の副会長として、周囲におもねらない一言居士として知られた。収益を後回しにしてでも品質を第一に重視し、頑として節を曲げぬ姿勢は、創業者が自ら率先垂範し、生き方として貫いてきたことであった。

## 創業者は吉田茂の兄

コマツの創業者、竹内明太郎《めいたろう》（一八六〇－一九二八）は、幕末期の万延元年、現在の高知県宿毛市に、土佐藩士の長男として生まれる。十八歳年下の異母弟に、のちの昭和のワンマン宰相こと吉田茂がいる。

明太郎の父の竹内綱《つな》（一八三九－一九二二）は、明治維新が進んだ動乱の時代に、政治や外国貿易、会社経営と忙しく立ち回る。二十代前半にして、窮乏する土佐藩の財政を地租改正によって立て直している。一八七三（明治六）年、三十四歳のとき、陸奥宗光の要請により、大蔵省に出仕することになる。父について十三歳の明太郎も上京した。

綱は、同じ土佐出身で二歳年長の板垣退助と近く、大蔵省を辞し、さまざまな事業に乗り出しつつ、自由民権運動にも深くかかわる。やはり土佐の出で、一歳年長の後藤象二郎とも親交を深めていた。明太郎は、自由民権運動の指導者である土佐出身の中江兆民が開いた仏学塾で学んだ。こうした生い立ちと環境が人格形成に影響を与えぬはずがない。

綱は、自由民権運動で忙しい身でありながら、長崎にある高島炭鉱の経営にも乗り出す。日本最古の大規模開発の炭鉱であったといわれる。さらに、長崎・端島（軍艦島）の炭鉱、佐賀・芳谷《よしのたに》炭坑の鉱山開発権も得ていった。この芳谷炭坑の経営を任され、一八八六年一月、まもなく二十六歳の誕生日を迎える明太郎が佐賀に赴いた。明太郎は、鉱山や機械の専門書を読み漁って知識を得る一方、英国から技師を招き、大型ドリルやハンマーなど、炭坑用の最新機械を輸入した。経営環境の充実にも資金を惜しまず、従業員の家族によって炭鉱町ができあがるほどの一時代を築いていった。

## 「儲けはその次でよい」

竹内綱・明太郎父子は、一八九四年に竹内鉱業を設立して本社を東京に置きながら、事業を拡張していく。そして、一九〇二年、石川県小松にある遊泉寺《ゆうせんじ》銅山の経営に進出するのである。父に任されて実質的な経営者となった明太郎は、鉱山開発のための発電所や水路を難工事の末に新設し、遊泉寺銅山は大成功を収める。

また、水路を周辺の耕地にも整えたことにより、鉱山開発前までヒエとアワしか収穫できず、貧苦に喘いでいた住民たちは、念願の稲作が可能となって栄えていった。明太郎は、自社とその従業員だけが栄えることをよしとしなかった。

明太郎は、一九〇〇年のパリ万博をはじめ、欧米先進国を視察に訪れる。その経験から、鉱山開発には最新鋭の大型機械の導入が不可欠であると、いっそう痛感するようになる。

同時に、石炭も鉱石も、いつかは掘り尽くすことになるものであり、無限の天然資源ではないと、行く末を見通していた。工業立国こそ日本のとるべき針路である、と。

父の綱は、「工業富國基」（工業は国を富ます基なり）と説いた。明太郎もまた、この言葉を座右に置いた。そして、機械工業を自国で発展させるべく、芳谷炭坑付属鉄工所として、一九〇九年、唐津鐵工所を興す。炭坑用機の製造から始め、米国式の大型旋盤や研削機などの工作機械の製品化に成功していった。

若い技術者たちの養成が工業立国には不可欠であると、会社経営にとどまらない情熱を燃やしつづけ、私費で社員たちを海外に学ばせた。蓄財にはとんと関心を持たず、事業で得た私財を惜しまずに注いで、法律学校として開校していた文系の早稲田大学に多額の援助をし、一九〇八年、理工科（のちの理工学部）を開設するまでに至る。

そして、一九一七（大正六）年、遊泉寺銅山近くに、竹内鉱業の機械修理部門として小松鉄工所を開設する。繁栄を誇った銅山も、いずれは廃れ、閉山に追い込まれることが避けられない。そうであるなら、大都市ではない地域にこそ、地場産業が必要になると見越していた。

小松鉄工所は、工作機械や鉱山用機械を自社生産していき、一九二一年五月、竹内鉱業から分離独立し、小松製作所として新たなスタートを切る。ときに、竹内明太郎、六十一歳であった。

明太郎は、小松鉄工所を創業したときの心得として、「事業の施設はすべからく無駄なきものに。製品は欠点なき完全なものに。研究は一時も怠ってはならぬ。人の養成は将来を考えて努めて多く」などと述べ、「儲けはその次でよい」と結んでいる。

小松製作所の将来像として、輸入機械に頼らぬ工業立国を実現すべく、生産の困難な製品を独力で高品質につくり、積極的に海外に輸出することとした。終生、教育には私費を惜しまず、情熱を傾けた。晩年、昭和恐慌によって経営が苦しくなると、東京・麻布の自邸を手放すばかりか貯蓄もはたいて竹内鉱業を解散させ、小松製作所と唐津鐵工所を守った。無私、自由と公平は、竹内明太郎を培った幼少時からの筋金入りの原風景であった。

名利をまったく求めず、財閥をなすこともなかった。父譲りの「工業富國基」という理想をひたぶるに追求し、人を育て、地域が産業によって繁栄することを願いつづけた。ひいては、それが今日のコマツイズムの源流をなしたのではなかろうか。「儲けはその次でよい」とは、明太郎の生き方を表す信条であったともいえる。

## 米キャタピラーの脅威

理想は少しずつ実現されていき、小松製作所は、明太郎亡きあと、一九三一（昭和六）年に農耕用トラクターの、四三年にはブルドーザーの原型となる「小松1型均土機」の国産第一号機を完成させるのである。

だが、戦後の一九四七年、日本に駐留するＧＨＱから、トラクターへのガソリン供給は非効率であると非難を受ける。ガソリン供給の停止命令を発動され、事業の主柱であるトラクターの受注がなくなり、さらに社内で労働組合が蜂起したことで、経営は危機に瀕する。

小松製作所の社長である中村税《みつぎ》は財界に顔が広かった。農林事務次官を務め、第一次吉田茂内閣で厚生大臣などを歴任していた大物として知られる河合良成《よしなり》を、懇請の末に相談役として迎え入れた。河合は小松工場へ赴き、組合の幹部と相対することになる。平易な言葉で語りかけた河合は、百日にわたっていた組合闘争をわずか三時間で収めたと伝わる。これを機に河合は社長となり、一九六四年までの十七年間にわたって指揮をとった。

一九五〇年代に入ると、粟津工場で始めていたエンジンから本体までのブルドーザーの一貫生産が軌道に乗り、トラクター以上の主力製品となっていった。工場を新設するなど、業容を広げていく。

　しかし、またも危機が訪れる。

　一九六〇年代初頭、米キャタピラーが日本市場へ乗り込んでくると明らかになった。コマツはひとたまりもなく潰されると社内に動揺が広がる中、より高品質の製品をつくれば充分に対抗できると社員を鼓舞し、いまも語り継がれる「Ⓐ《マルエー》対策」本部を河合は主導するのである。

　ＪＩＳ（日本工業規格＝当時）に見合うレベルに安住せず、品質最優先で独自の高い規格の製品づくりを進めれば必ず活路があると励ました。エース級の製品づくりをも意味したⒶ対策は、キャタピラーに伍するにとどまらず、小松製作所を世界でも有数のブルドーザー・メーカーに押し上げることに結実する。

　一九六四年からは長男で通産省出身の専務だった河合良一が社長を継ぎ、一九八二年まで十八年間にわたって務めることとなる。非オーナー会社では珍しい親子二代にわたる中興の祖である。Ⓐ対策につづくように、一九七〇年代には「Ⓑ《マルビー》活動」を展開する。Ⓐ対策では、キャタピラーをはじめ、海外メーカーに対抗した。このⒷ活動では、コマツ自らが海外市場に打って出て、輸出を強化していくことを目的とした。その陣頭に立ったのが河合良一である。日本の建設機械メーカーとして不動の存在となり、「世界のコマツ」と呼ばれるまでになっていった。

一九八〇年代は、プラザ合意以後の急激な円高による不況という逆風に見舞われ、また、バブル景気は輸出メーカーに大きな打撃を与えることにもなった。期待の産業機械の売り上げも伸び悩み、小松製作所にとって苦しい時期がつづいた。一人の有名なトップが辣腕《らつわん》を揮う組織ではなく、全社員による団結とたゆまざる創意工夫によって経営が成り立つ足腰の強い会社へと脱皮していく変革の時代ともなった。

## 「ダントツを狙おう」

創立七十周年を迎えた一九九一年五月を機に、コマツという呼称に統一して現在に至る。バブル景気の終焉、二〇〇八年のリーマン・ショックなど、荒波を乗り越えてきた。

コマツには、その名も「コマツウェイ」という、社外には公開していない企業理念を詳しく記した冊子が存在する。従業員教育のテキストに、また社員が暗唱し、常に携えるべきものとして、重んじられている。竹内明太郎の教えを元に、代々の社長ら経営幹部の指針を集め、時代に合わせて更新しながら、ブラッシュアップされてきた。

その一つを挙げると、「ナゼナゼを5回繰り返そう」という教えがあり、現象と原因について、よくよく追究すべしと教えている。なぜと三回繰り返して問え、というのは企業理念などでよく見聞きするものだが、これでは「なぜ」を十回、己に問うことになる。コマツのものづくりと品質の探求はかくあるべしと強調しているのであろう。

海外事業にもかかわり、「伝説の男・修理の神様」といわれた河合正二の信条として、「五感を研ぎ澄ます」という教えがある。機械の発する音、オイルのわずかな濁りから、部品の寿命を見極められた。さらに、「やってやれないことはない。やらずにできる訳がない」と奮起した。「故障で止まるなんて恥。俺の腕にかけて、そんなことはさせたくない」、「なんとしてでも俺がやってやる」という語録が残る。「動かしてこそブルドーザーの価値がある。止まってちゃブルの価値は何にもない」と――。コマツイズムであろう。「日本のブルドーザーの父」と呼ばれた山本房生は、「できない理由より、意欲をもって可能にする方法を考える」、「汗をかけ。汗をかかなければ知恵は出ない」と説いた。

もう一つ、「ダントツを狙おう」という教えも挙げておきたい。「品質最優先。コストを無視せよ」と説かれている。第九代社長の坂根正弘が「ダントツ経営」と公言したと記した。坂根は、入社まもないころに謦咳《けいがい》に接した河合良成を「経営の師」といってはばからなかった。経営者は言葉の力を持たなければならないとも語っていた。そのことを、河合から学んだ。そして、長く「お客様と共に成長する」と掲げてきた。

現社長の小川啓之は、竹内明太郎が小松鉄工所創業時に掲げた「儲けはその次でよい」と締めくくられる心得を挙げた。「明太郎さんは面白いことを説いていますね」と笑いつつ、「とてもいいことをいっている」と生真面目そうな経営者の表情に戻った。

## 企業文化は一朝一夕にならず

二〇一一年三月十一日、小川は茨城工場の工場長であった。建屋が半壊状態となり、津波の被害も受け、操業はとうてい不可能になる。本社からは、一切の指示も命令もなく、すべての指揮権が小川に委ねられた。従業員たちは自宅が被害を受けているにもかかわらず、自主的に休日返上で工場の復旧作業にあたっていた。工場長として、ひたすら現場の再興を考えることに専念できた。被災からわずか一週間で生産再開に漕ぎ着けた。最も苦しかったはずのこのときにこそ、「コマツっていい会社だなと思ったんです」と振り返る。

「企業文化は急にできあがるのではなくて、脈々と築かれていくものでしょうし、困難のときにいかに立ち向かうか、ということにもなる。過去のＤＮＡが現場主義となって企業文化が形成されてきたのでしょう」

　コストや利益について考えるのは後回しでよいと、創業者も歴代社長も説いた。やがて、大型ブルドーザーの部品一つの単位ごとにまで品質を高める技術と企業風土へと昇華し、デジタル化をいっそう急ぐ。省力化から無人化、電力化、脱炭素化、ドローンなどを使った技術の応用と、進化をとめることはできない。自らも、コマツウェイの根幹をなす「現場・現物・現実をよく見よう」というのが信条である。

　世界が未曾有の困難を抱える時代に百周年を迎え、存在意義を自らに問いながら、次の百年の現実に思いを馳せている。

ミズノ

# 水野明人社長

## 「夏の甲子園」と「春のセンバツ」を育んだ野球愛を受け継ぎながら。

### スポーツとともに歩む企業として

少し汗ばむような陽気の二〇二二年初夏、一面のガラス窓から大阪湾を見下ろす大阪・住之江のミズノ大阪本社ビル上層階の応接室で、社長の水野明人に話を聞き始めてまもなく、軽妙な関西弁の語り口も相まって、その場にいる人たちの表情を和らげずにおかないパーソナリティーが伝わってきた。会話に笑いが絶えない。話すテンポは柔軟かつスピーディーで、学生時代から欧米で学び、垣根を設けることなく異文化へ飛び込んでいったと振り返った。決して、ひけらかすようなことをしないのだが、文学から美術、芸術に至るまで、訪れた先々で身を浸すように堪能してきた日々を想像させた。スポーツへの造詣は強調するまでもない。

新型コロナの感染拡大が社会問題となって以後、スイムウエアの生地で作ったマウスカバーが大ヒットしたことを挙げ、「まさか、あんなに売れるとは。たくさんの人に喜ばれましたけど、うちが助かりましたわ」と笑った。経営者として会社のあるべき姿について語ろうとするとき、表情はさほど変わらぬまま、声が少しきりりとしてくる。

「ほとんどの会社が平和的なことを仕事にしていると思いますが――」

世が混迷と悲しみのさなかにあることを踏まえて、そう切り出した。

「スポーツというものは平和でなければ成り立たないものです。平和であるからこそスポーツ用品も売れる。世の中の役に立って、少しでも社会貢献できるものを作っていこうという向上心、チャレンジ精神を社員たちと持っていたい。利益もそこそこ上げて税金は納めないかんけれども、儲け過ぎてもあきません。もちろん赤字にはなりたくないけどね」

笑いつつ、自社の歴史を振り返る。

「私は入社して四十年あまりですが、あえてターニングポイントのようなものを挙げるとするなら、太平洋戦争でしょうか。経営が立ち行かなくなった会社も少なくなかったようです。戦争が四年くらいつづいている間、スポーツなんておよそ必要とされていなかったはずです。でも、会社にいた人たちがなんとか生き延びようと、臨機応変にというのでしょうか、工夫して、ニーズに合うものを作って乗り越えた。その当時の人は偉かったと思いますね」

戦前戦中は、スポーツ用品の資材を確保することすら難しくなった。兵隊用の大型テン

**ミズノの沿革**

| | |
|---|---|
| 1906年 | 水野利八、弟・利三と大阪北区で「水野兄弟商会」を創業 |
| 1907年 | 運動用ウエアの製造開始 |
| 1912年 | 東京支店を神田駿河台に開設 |
| 1913年 | 野球グラブ、ボールの製造開始。夏の全国野球大会（甲子園）の前身となる関西学生聯合野球大会を大阪・豊中で開催 |
| 1927年 | 国産スキー板を発売。大阪・淀屋橋に本社屋完成 |
| 1928年 | 陸上スパイク生産開始 |
| 1933年 | 初の日本製ゴルフクラブ発売 |
| 1936年 | グライダー製造開始 |
| 1942年 | 「美津濃株式会社」に社名変更 |
| 1943年 | 岐阜県に養老工場開設 |
| 1947年 | テニスラケット製造開始 |
| 1957年 | 圧縮バットを発明、特許獲得 |
| 1970年 | 創業者・利八、死去 |
| 1982年 | 世界で初めてカーボンをヘッドに採用したゴルフクラブを発売 |
| 1987年 | 社名表記を「ミズノ」に統一 |
| 1992年 | 大阪市住之江区に新大阪本社ビルが竣工 |
| 2006年 | 創業100周年。水野正人会長、水野明人社長就任 |
| 2012年 | スポーツ器具メーカー「Senoh」を子会社化 |
| 2020年 | 水着素材で作ったマウスカバー発売 |

トやパラシュートを生産するなど、軍需産業を担うことで経営の屋台骨を支えた時期もあった。そのことを注記しつつ、次のようにもいえるであろう。平和な時代も、そうでないときも、ミズノはスポーツとともに歴史を重ね、堅実経営を旨としてきた。

創業者の水野利八（一八八四－一九七〇）は、幼名を仁吉といい、現在の岐阜県大垣市で、旧大垣藩出入りの大工の棟梁の次男に生まれた。水野家は、三河国の刈谷城主であった水野忠政の流れを汲む戦国時代屈指の家系である。忠政の娘・於大は徳川家康の実母として名高い。放映中のＮＨＫ大河ドラマ『どうする家康』で、松嶋菜々子が於大を演じている。

日ごろから「男は無闇にしゃべるな」、「何をしてもいい。日本一といわれるような人になれ」と諭していた父の利八は、仁吉がまだ八歳であった一八九三（明治二十六）年、四十五歳で病没する。仁吉は、成績優秀だったが、高等小学校を一年で中退し、母の親類筋である大阪・道修町《どしょうまち》にある薬種問屋へ丁稚奉公に出る。店の敷居を初めてまたいだその日、たまたま見かけた一人の客に気後れせずに「何かご用ですか」と声をかけ、注文を係りの者に取り次ぐことになった。わずか十一歳のときのことである。店の主人を「来た日からもう商いをしよった」と驚かせた。商才と誠実な人柄が買われ、翌年には大阪南区にある薬屋へ十三歳にして番頭格として奉公する。

京都の織物問屋へ移った一年後には、十七歳で番頭に異例の大出世を果たしている。向学心も旺盛であった。欧米流の近代的企業経営の知識、理論、そして英語の独学に熱心で、寝食の時間を惜しむように経済書や語学参考書を読みふけっていた。

出商いに行った帰り道、賀茂川べりを歩いていて、京都市内の吉田にある第三高等学校（旧制。現在の京都大学などの前身）のグラウンドの近くを通りがかった。そこで三高と外国人クラブの野球の試合が行われていたことが仁吉の人生を大きく変えることになる。欧米に憧れていた仁吉は、「外人と知り合いになれるかもしれない」とほんの軽い気持ちで野球見物をしたところ、そのゲームの面白さにすっかり魅了される。三高の試合がある日になると、出商いに行った仁吉がなかなか戻ってこないと店では苦笑いされていた。

## 商都大阪で起業

日露戦争に従軍して除隊後、一九〇六年四月一日、ゆくゆくは野球用品の商売を手がけることも目的に、仁吉は弟の利三とともに、商都大阪の北区芝田町に資本金百五十円で水野兄弟商会を設立開業する。この日がミズノの創立記念日となっており、百十七年目に入ったところであった。水野兄弟商会は、靴下やハンカチ、タオル、シャツのほか、野球のボールなども販売した。やがて、故郷の美濃を念頭に、美津濃商店と屋号を改める。

創業の翌年、仁吉は運動服のオーダーメイドに将来性を見い出し、縫製職人と専属契約を結んで製造販売に乗り出す。これが日本のスポーツウエアの嚆矢《こうし》とされる。さらに、運動服の既製品の製造販売も手がけ、業績はどんどん伸びていった。スポーツマンたちの間では「美津濃に行けば流行の運動服がそろっている」と評判をとるようになっていく。

大の野球ファンであり、アイデアマンでもあった仁吉は、自社製品の販売促進の宣伝活動も兼ねて実業団野球大会の主催を思いつく。行動は素早く、一九一一年から開催する。明治の末の時代のことであり、詳細な記録は残されていないようだが、個人商店の主催による大がかりなスポーツ大会は少なくとも関西では初めてであり、以後、春秋の年二回、六十回近くつづいたことはたしからしい。仁吉は優勝旗も用意し、簡素な形式ながら表彰式も行った。大会運営の費用については、完全に美津濃の持ち出しつづきであった。

美津濃の事業は順調で、明治の終わりの一九一二年、弟の利三が発案し、店員一人を連れて自ら上京して東京支店を開設する。この東京支店がほどなく移転し、都心の一等地、駿河台下に店舗を構えることになる。靖国通りに面した神田小川町で、御茶ノ水、あるいは神田神保町とも称され、ミズノの名を広く知らしめる旗艦店の一つとなって現在に至る。

## 甲子園の前身となる大会を主催

仁吉の構想は事業欲を超えて膨らむ一方であり、実業団大会につづき、ついには学生野球大会の開催のために動きだすのである。もとより、仁吉が魅せられたのは三高野球部の試合であり、さらに中学校（旧制。現在の高校）の生徒たちは学生服や運動靴、靴下などの、いわば上得意客でもあった。旧制市岡中学（現・大阪府立市岡高校）野球部時代から名選手として全国に轟いている八歳年下の佐伯達夫（一八九二－一九八〇）とも、学生対校試合の応援に駆けつけていて顔なじみとなっていた。佐伯は、早稲田大学に進んでからも名プレーヤーとして人気を博し、のちに「高校野球の父」と呼ばれ、日本高等学校野球連盟（高野連）の会長を一九八〇（昭和五十五）年に八十八歳で他界するまで務めることになる。

学生野球の試合に弟の利三とともに熱心に足を運んだ仁吉は、宣伝も兼ねて自社製品の目立つ赤いシャツを着込んでスタンドから大声を張り上げて、小柄ながら、「あれが運動服を売っとる美津濃のおっさんやで」とすっかり有名になっていた。

仁吉は、明治天皇の崩御により、国民全体が喪に服するために中止されていた中学校の学生野球大会を、美津濃の主催で一九一三（大正二）年八月、第一回関西学生聯合野球大会として、現在の阪急電鉄系列の真新しい豊中グラウンドで開くのである。この年、早大に進学したばかりの佐伯も、大会の世話役の一人に収まっていた。

一九一五年、仁吉は、父・利八の名を襲名する。同じ年、二年つづけて開催してきた八月の関西学生聯合野球大会について、朝日新聞社が全国規模に広げて自社が主催することを打診してきた。第二代水野利八は、あっさり「けっこうです、やってもろたら」と主催権を手放すのである。若人たちが投げて、打って、走る。観る者が割れんばかりの声援を送って胸を躍らせる。そのようなアマチュアの夏の球宴が全国に広がって継続されていくのなら権利も名誉もいらぬと打算なく応じたのである。大会運営の組織づくりや資金繰りに長く身を捧げた佐伯達夫が「高校野球の父」と敬されている事実は動かない。他方、「夏の甲子園の生みの親」と水野利八が静かに語り伝えられているのもたしかである。

利八は、夏の大会だけでは飽き足らず、春の中学生（旧制）野球大会の開催にも奔走する。これが現在の春の選抜高校野球大会に発展する。要するに、夏も春も、甲子園の全国高校野球大会の種をまき、土台を育んだのは、ミズノの創業者、水野利八だったのである。

利八は、アマチュア野球の公平な普及について、いつも考えを巡らせていた。もともとアメリカから伝わった野球は、ルールや装具、グラウンドの規格まで、本家のありようをおおむねそのまま踏襲し、導入していた。しかしながら、消耗の著しいボールひとつとっても、物資の乏しい時代の日本にあって、各地各校で、大きさや材質が不統一のままであった。つぎはぎだらけといった代物も多く見られた。

水野利八は、欧米人より小さい日本人の手になじみ、大きすぎず、重すぎず、適切な材質によるボールの普及を提唱する。もとより、硬式ボールの材料となるコルクや毛糸、ゴム、皮革などの品質が舶来品のそれに比べるべくもなかった。利八は、材質だけでなく、打撃による反発力、飛距離、またグラウンド上で撥《は》ねるバウンド量なども重視し、外形の規格統一のみにとらわれなかった。

## 硬式ボールだけは会長の仕事に

肝心の社業にも、水野利八は商才を発揮して勤《いそ》しんだ。

美津濃商店の業績は伸び、従業員も増えていたが、経営者としての利八は浮かれない。飲食を伴う席での営業活動を社員に禁じ、節約と貯蓄を励行せよと説いた。自ら下戸であり、酒宴とはおよそ無縁であった。自社製品の値引き販売を戒めるとともに、不当な価格つり上げにも厳しく目を光らせた。戦中戦後にあっても、闇物資を商うことは「断固、許しません」と厳に禁じた。現社長の水野明人は、「祖父は従業員たちに『利益の利より道理の理』と繰り返していたそうです」と話す。かの松下幸之助が「私の経営の師匠は水野利八さんです」とまで語ったと伝わる。

　利八は、水野家を再興させた証として、「いつか百尺（約三十メートル）のビルを建てる」と目標を立てていた。一九二七年、商いの町、大阪淀屋橋に、その目標を果たすのだが、慢心を戒めるように、あえて九十九尺の高さにとどめた。地元の再開発事業に伴って二〇二一年六月に閉店するまで、淀屋橋店として親しまれた。「高品質、低価格で販売する」と断言しつつ、ゴルフや登山、スキー、水泳などの分野へも業容を広げていった。一九六九年、次男の健次郎に社長職を譲り、自らは会長に就く。

　第二代社長の水野健次郎（一九一三－一九九九）は、自伝『全人間への旅』（一九九〇年・日本経済新聞社）で、次のようなエピソードを、光景が思い浮かぶように綴っている。

　一九六九年、自らが社長となり、最初の取締役会の議長を務めた際のことである。会長職に就いたばかりの父の利八がやおら「社長、動議がある」と発言を求めた。健次郎が促すと、八十四歳の利八は「経営の実権はすべて社長に委譲した」と穏やかに微笑んで、こうつづけた。

「ただ一つ、野球の硬式ボールのことは、会長の仕事にしてもらいたい」

新任社長の「けっこうです」という答えを聞き、利八は満足げにうなずいた。硬式ボールの規格についてだけは、利八は創業者のささやかな特権を手放さなかった。

日本の硬式野球に受け継がれてきた伝統にも、「夏の甲子園の生みの親」はかかわりつづけたのである。

## 二代目は阪大理学部の一期生

水野健次郎という人物も、父に負けず劣らず傑出し、また個性の強い経営者であった。美津濃の製品が世で評価を高からしめている大正時代のはじめに生まれ育ち、暮らしは豊かであった。関西屈指の名門私立一貫校である甲南学園の旧制中学から学び、成績は常にトップクラスを走った。化学を志し、第一回文化勲章受章者である長岡半太郎を初代総長とする大阪帝国大学の、理学部第一期生となった。自伝にも難解な漢語や熟語、外来語が頻出し、文理を問わずに教養を修めたことが詳細に記されている。

美津濃に入社後、父の命により、欧米を旅して回りながら、海外のスポーツ製品の最新事情をつぶさに調べていった。そうして得た知見は、海外製品に引けをとらぬスキー板の開発生産に発展した。また、ヘッドから樹脂を注入して製造する美津濃の発明した木製の「圧縮バット」はたいへん高い評価を得た。バット作りの名人を美津濃が多く抱え、プロ野球選手それぞれの要望に応えて提供する仕組みも強化した。上質で手になじみやすい皮革を用いたグラブも美津濃の代名詞のようになった。

社長に就いてからは、狂乱物価や石油ショックの時代を乗り切るとともに、社内の幹部の世代交代を進め、長男の正人を後継に決めていた一九八二年、年商が一千億円を超える。健次郎は、幹部やその候補たる社員たちを積極的に海外へ送り、異文化を体験させるとともに、販路の拡大を推し進めた。社名をカタカナ表記のミズノと統一するのは一九八七年のことである。世界へと打って出る素地をつくっていった。次男である現社長の水野明人は、「うちの父は、商売人、ビジネスマンというよりも、学者みたいな人やったですね」と笑いながら懐かしむ。

一九八八年に第三代社長に就任した水野正人は、日本オリンピック委員会（ＪＯＣ）の要職を歴任し、スポーツ界を代表する重鎮になっていく。二〇〇六年に弟の水野明人に社長職を託した。ミズノの会長に就いた水野正人は、東京2020オリンピック・パラリンピック招致委員会の事務総長などを務め、日本大会開催実現に尽力していく。コロナ禍によって一年後れで開催された東京オリ・パラ大会を見届け、七十九歳になった現在も、ボーイスカウト日本連盟の理事長を務めるなど、多忙な日々を送っている。

## 「野球製品では負けられない」

関西の人々に長く親しまれていた淀屋橋店への深い思い入れを打ち明けるミズノ社員に会った。球団ユニフォームやプロ野球選手たちへの用具提供などを管掌するダイアモンドスポーツ事業部の課長、杉本容亮《ようすけ》である。少年時代から野球一筋に打ち込んでいた。京都の強豪、東山高校では、外野手としてレギュラーとなり、通算三十本のホームランを放った。中央大学へ進むと、一学年上に、のちに巨人軍の四番打者となる阿部慎之助がいて、野球部寮の同部屋で二年をともにした。杉本自身はプロになる夢には届かなかったが、二〇〇二年に卒業後、ミズノに入社し、長くプロ野球とかかわってきた。

小学生のときから、西武ライオンズで自らと同じ外野手の主砲、秋山幸二に強く憧れていた。中学生になると、当時住んでいた神戸からミズノ淀屋橋店にしょっちゅう立ち寄った。一度だけ親に頼み込んで秋山モデルのグラブを買ってもらい、長く大切に愛用した。店へ入り、もっぱら買わずに眺めているうちに野球用具に興味を持ってミズノが大好きになった。いつも「神田さん」という店員のおじさんが懇切に説明をしながら少年に接した。「神田さん」の存在がなかったら、ミズノを志望したかどうかわからない。入社後、幸いにも、定年退職間際だった「神田さん」に再会できた杉本は、当時の礼を厚く伝えた。

　ソフトバンクホークスの担当になったとき、監督に秋山幸二が就いており、近しく接する機会に恵まれながら仕事に勤しんだ。素直な人柄がにじむ。

「少年時代に戻ったようで、とてもうれしかったです。地に足が着いているのかどうかわからない、ふわふわした気持ちだったのを覚えています。別の会社に入っていたらできないはずの経験をさせてもらいました」

　プロの選手から、グラブやバット、スパイク、ユニフォーム、手袋などへ一つひとつ要望を聞き、迅速に対応してきた。難しい相談や依頼を受けても、その場でノーと答えることは決してしない。工場や専門部署に持ち帰って、どうにかして応えることができないものかと腐心する。担当する選手が夏のころに疲れがたまってきていると察し、いつもよりほんの二十グラムほど軽くしたバットをロッカーの前にそっと用意しておくような細やかな配慮も忘れない。第一線のプロとの数々のやりとりが市販品に応用され、自らがそうであったように、少年たちが憧れの選手のモデルを求め、草野球に興じる大人たちも買っていく。「ミズノが野球製品で他社に負けるわけにはいかない」という思いを語ったが、それは杉本ひとりのものではなかろう。

## 健康寿命を延ばす製品づくり

十六年あまりにわたって第四代社長を務めてきた水野明人は、兄の正人とは六歳違いで、大阪本社ビルで向かい合ったとき、七十三歳の誕生日を控えていた。

話を聞いている間、しきりに「私は膝が痛くて」、「膝を痛めていて」と苦笑いを漏らした。シックなジャケット姿でソファに座っている。ウォーキング専用のようでいて洒落た黒い靴が気になった。訊けば、ミズノが力点を置くフットケア事業から生まれた自社製品であると話した。

「ビジネスシーンでも使えるウォーキングシューズです。フィットして、一度履いたらやめられません」

後日、東京・神田小川町の店舗で、そのあらましを確かめることにした。ライフ&ヘルス事業部のシニアエキスパート、藤本聡一の案内を受ける。野球やバスケットボールに打ち込みながら、京都市立芸術大学で油画を専攻したという経歴を持ち、スポーツとアートとの間を自在に行き来して発想する。

店内に、五メートル歩くだけで歩行能力を精密に測定する装置と、立位姿勢を撮影することで歩行タイプがわかる装置などを整えた。アスリートだけをミズノ製品は対象としていない。また、少子化の時代にあって、ふだんからスポーツに親しむ顧客以外へも事業領域や市場を開拓し、広げていく必要がある。六十五歳以上が全人口の二一％を超えると「超高齢社会」と定義づける。すでに二〇〇七年にその超高齢社会となっている日本の多くの人びとの健康に役立つことも、「百年以上、さまざまな身体活動を支えてきた」ミズノの本懐と藤本は考えている。

「健康の基本になるのは、やっぱり歩くことだろうと社内で結論づけました。歩くことに支障を来《きた》したら、リビングから立ち上がってキッチンやお風呂に行くのさえ面倒になる。買い物へ行くにも、旅行に出かけることもしんどくなります。運動用品屋として、歩きつづけられるためのご提案をしたいと考えています」

藤本によると、だいたい五十五歳ごろから、歩行能力の衰える人が現れるらしい。いつまでも自分の足で歩きつづけられる身体づくりをサポートする。つまり、近年よくいわれる健康寿命を延ばすための研究開発に力を入れている。

「われわれがもっと研究開発を進めれば進めるほど、みんなが楽に歩けて、みんなが楽しく運動もできて、誰も不幸にならない。そんな自負も持ちながら、努力をしていきます」

スクワット運動に似た、中腰程度に膝を曲げるホールドというストレッチがある。このホールドを毎朝二分半保ちながら歯を磨いているのだと、社長の水野明人はソファから立ち上がってその姿勢をとってみせた。かつて励んでいたスクワット運動よりも膝への負担が少ない。その後、つま先立ちになってかかとをすとんと落とすカーフレイズ運動も百五十回つづけるのが日課である。

「なにしろ、私が会社の中でいちばん高齢なので、進んでいろいろなモニターになっています」

笑いをふりまきながら、丁寧なお辞儀をして応接室をあとにしていった。

GUNZE

グンゼ

# 佐口敏康社長

## 祖業をやめてニッチで生きる——。危機感が変えた「パンツの会社」。

### 主力商品を大胆に変えて百二十余年

グンゼという会社について、これから経営の主軸を担っていくであろう幹部やキーパーソンたちに、創業の地である京都・綾部や大阪・梅田のタワービルにある本社で話を聞いて歩いた。入社時のイメージを訊ねると、「パンツの会社」、「下着のメーカー」といった非常にわかりやすい言葉が笑いとともに返ってきた。

二〇二一年六月に就任した第十七代社長の佐口敏康は、一九八四（昭和五十九）年の入社で、心身、そして経験、識見ともに脂の乗る六十歳であった。年代で私が近いと知り、会って早々、「小学生のころ、白いブリーフに母親にマジックで名前をひらがなで書かれていたでしょう？」と問われ、「2年3組」とクラス名まで書かれていましたと答えて、しばらく互いに哄笑した。このようなやりとりで、互いの距離が急速に縮まることは少なくない。

父親が転勤族で、関西から関東へと移り暮らした。学生時代より、行く先々で、柔道、アメリカンフットボールと運動に熱中しながら勉学もよくした。大学卒業にあたり、就職先が決まった当時、関東地方ではグンゼの知名度がまだあまり高くなかった。兵庫の、現在の豊岡・江原の出身である明治生まれの祖母だけは、「素晴らしい会社に入ったね」とたいそう喜んだ。自らの女学校時代、グンゼの創業の地である京都・綾部で、女工ではなく「工女さん」と呼ばれて女たちの働く生糸の生産工場と関連施設を見学したという祖母は、「あんなにすごい会社はない」と孫の門出を祝ってやまなかった。

歴史の妙味の一つはそのようなエピソードにも表れる。生糸に始まり、グンゼは日本を代表する会社となっていた。大きな難所を幾度も乗り越えながら、絹織物、靴下、メリヤス肌着、さらにプラスチック関連、あるいはほかの事業で生き残りを図ることができないものかと、さながら、もつれた糸を解《ほど》き、縒《よ》り直しては編み返すようにして、互いに励まし、ときにため息ももらしながら百二十六年の歩みを重ねてきた。

佐口が入社して配属されたのは、プラスチック事業部である。身長百八十一センチの堂々たる偉丈夫で、「身体だけは鍛えていましたから、過酷な営業活動でも使い減りしないと会社に判断されたのでしょう」と笑うのだが、下着とは似ても似つかない製品の事業部門で販売の最前線に立たされて、戸惑わぬはずがない。

　蚕の繭から生糸をとる会社として興ったグンゼには、移りゆく時代に応じ、主力商品を大胆に変えてきたという組織風土がある。

　佐口は、「当社はニッチ（すき間）の商品に強みを持たせてきた歴史があるんです」と、予想外の来《こ》し方について語り、大きな体軀を揺すりながら笑った。広い領域で一気に大きな利潤を狙う丁半博打のような事業方針を採らず、グンゼならではの付加価値を高くした製品供給を、手堅く、競合の少ない分野で継続できる市場に活路を見い出さんとしてきた。

　入社まもない当時の佐口の営業活動をひとことでいうなら、御用聞きスタイルである。取引のあるメーカーや工場に足を運び、何かお役に立てることはありませんか、と訊ね回るような日々であったといっていい。仮に要望を受けても、少量であったり、他社でも可能な小さな改善にとどまっていたりと、先方とグンゼに確実な収益をもたらす将来性ある新たな協業を築くことは難しい。

佐口は、さも平然と、同時に愛嬌ある笑みをたたえて応じた。血色がいい。

「入社してから十年、私は売れるということをまったく経験していませんでした。ずうっと売れないというのはですね、まあ慣れてくるものなんです。半ば当たり前のようになってきます。それでも、へこたれずに営業をつづけて新しい芽を探していました」

### グンゼの沿革

| | |
|---|---|
| 1896年 | 創業者・波多野鶴吉が京都府何鹿郡（現・京都府綾部市）に郡是製絲株式会社を設立 |
| 1900年 | パリ万博で生糸が金賞を受賞 |
| 1917年 | 郡是女学校を設置。貞明皇后（大正天皇妃）が綾部の本工場へ行啓 |
| 1918年 | 波多野鶴吉、死去 |
| 1927年 | 郡是病院開設（～1990） |
| 1934年 | 絹製のフルファッション靴下の生産開始 |
| 1946年 | メリヤス肌着事業を開始 |
| 1966年 | プラスチック事業部設置 |
| 1967年 | 社名をグンゼ株式会社に変更 |
| 1968年 | ナイロン製パンティストッキングの製造販売を開始 |
| 1973年 | 緑化事業開始 |
| 1984年 | 祖業の蚕糸事業を子会社へ移管 |
| 1985年 | メディカル開発室立ち上げ |
| 1986年 | 生体吸収性縫合糸の開発に成功 |
| 1987年 | 子会社を解散して、祖業の蚕糸業から完全撤退 |
| 1988年 | メディカル材料センター設置 |
| 1990年 | プラスチックフィルムの製造・販売を開始 |
| 1996年 | 創業100周年。人工皮膚の実用化に成功 |
| 2010年 | メディカル事業部設置 |
| 2021年 | 佐口敏康社長就任 |

## 教師を辞めて実業の道へ

　グンゼの創業者である波多野鶴吉《つるきち》（一八五八－一九一八）は、丹波国何鹿《いかるが》郡延村（現・京都府綾部市）に、地元で代々、大きな庄屋を営む羽室家の次男坊に生まれた。八歳のとき、同じ何鹿郡にある母方の分家である波多野家へ養子に出される。八歳で生家から出される少年には洋々たる将来を見通すのは難しかったことであろう。人びとの行き交う生家の周辺とは異なり、三十戸ほどが寂しく点在する地区で、将来を語り合うような仲間もいなかった。根気強く養家の仕事に精を出しつつ、向学心やみ難く、藩校などにも通って、漢籍や論語などを学んでいた鶴吉は、京都へ出ていく。多少の放蕩もしたようだが、とくに算術をよく学んだ。

　京都で七年半を過ごした鶴吉にとって、学問を修めること以上に大きかったのは、板垣退助や中江兆民らによって広まった自由民権運動の影響を肌身で受けたことであった。一八八一（明治十四）年に帰郷した鶴吉は、翌年、村の小学校の教師に欠員ができたことから教壇に立つことになる。

　児童に優しく、評判のいい教員となっていくが、秘かに育んでいる思いもあった。いつかは自らで事業を起こしたい、という熱情である。

綾部と呼ばれる町では古くから養蚕業が盛んであった。だが、その多くが小作業であり、肝心の生糸の品質もいいとはいえなかった。京都北部の名産である丹後ちりめん、同じく京都の西陣織は高い品質により古くから日本中に知れ渡っていたが、綾部の生糸は、歴史を長く有しながら、特産とはいえぬ水準であった。綾部は四方を山林に囲まれた盆地であり、京都の中心地のように人の行き交いや盛んな商いとは縁遠い。住み暮らす民たちが多くを望まず、質素倹約を旨とする土地柄もあり、どうしても閉鎖的で、発展や近代化から取り残されていた。

教え子の母親たちが「安く買いたたかれてばかりだから、もう（養蚕業を）やめたい」と涙する姿を見ていた鶴吉は、地元の名士を募って団体を組織することで、品質向上と販路拡大を図るべきであると発起した。一八八六年三月、教職を辞し、何鹿郡蚕糸業組合の組合長に就く。鶴吉は、養蚕業に携わる人たちの公平な発展を模索していてキリスト教に出会い、洗礼を受ける。また、二宮金次郎（尊徳）の「道徳なき経済は犯罪であり、経済なき道徳は寝言である」といった箴言《しんげん》に代表される報徳思想にも強く感化されていく。

## 「郡には郡是を」が社名の由来

一八九五年、天啓に打たれるように鶴吉は導かれる。農商務省の高名な元官僚であり、貴族院議員である前田正名《まさな》が綾部へ遊説に訪れた。前田は、「今日の急務は、国に国是を、府に府是を、県に県是を、郡に郡是を、町村には町村是を定むるにあり」と説いたのである。日清戦争の直後の時期のことであり、国威発揚と富国強兵、外貨獲得などを念頭に置いての発言であった。この演説に感銘を受けた鶴吉は、会社設立に動いた。生家の実兄で、父に代わって当主となっていた第七代羽室嘉右衛門をはじめ、地元の有力者の協力を仰ぎ、一八九六年、郡是《ぐんぜ》製絲株式会社を設立するのである。初代社長には実兄の嘉右衛門が就いた。

現社長の佐口敏康の祖母が回想したとおり、郡是製絲では女性職員たちを工女さんと呼び、工場や寮に隣接して学校を併設した。貧しさゆえに、若くして立ち仕事に従事しなければならなかった女性たちに、終業後や休日に、希望に応じて学べる場と機会を整えていった。郡是製絲の生糸は高品質かつ安定した生産を可能としてゆき、一九〇〇年、パリで開催された万国博覧会で金賞を受賞する。郡是製絲では、設立から五年後の一九〇一年に、実兄に代わり、創業者である波多野鶴吉が第二代の社長に就いていた。

当時、地元で生糸製造の頼みとする由良川が洪水に見舞われて生産設備が大打撃を受けたり、世界で最も有力な織物業者であった米スキンナー商会と特別契約を結ぶに至り、いよいよ海外へ打って出ようというとき、金融恐慌に巻き込まれたりするなど、経営は必ずしも安定しなかった。また、綾部の生糸は高品質であると評判をとればとるほど、商品相場で投機の対象となって価格が乱高下し、ひいては郡是製絲の経営を揺るがした。

そのころ、たいへん強力な支援者が現れた。三菱、三井、住友と並ぶ財閥グループをなした安田善次郎(一八三八‐一九二一)である。

融資を要請されていた安田は、郡是製絲という会社のありようが気になり、綾部の本社を訪れた。事務室の前で、着古した木綿の着物姿で草むしりに汗を流している人物の姿が目にとまった。側近に、あの人物は誰かと安田は訊ねた。日に焼けた中年男は、声をかけられ、「波多野です」と頭を下げた。安田善次郎を出迎えるために、少しでも礼を失することなきよう、鶴吉が手ずから出入口前の始末に精を出していたのである。しばしの会話ののち、安田は、波多野鶴吉と郡是製絲について評価を定めた。経営者がみな金融資本家の支援を得るべく血眼になっているときのことである。安田は鶴吉に微笑んだ。「何のご心配にも及びません。この安田が引き受けます」と——。善次郎の遺言のように語り伝えられ、以後、経営危機の折ごとに、郡是製絲は安田銀行に窮地を救われることになる。

波多野鶴吉は、一九一八（大正七）年二月、何鹿郡立女子実業学校（現・京都府立綾部高校）での講演中、脳卒中に倒れ、長く暮らす社宅に運び込まれたが、高い鼾《いびき》をかいて昏睡状態に陥ったまま、五十九年の生涯を終える。鶴吉には子がなく、縁戚から林一《りんいち》を養子に迎え、将来の後継者に据えることとしていた。

## 創業者が抱いていた危機感

郡是製絲は、製糸業界に化学繊維という新たな強敵が誕生するなど、数々の難局を迎えながら、それを乗り越えてきた。鶴吉は、死の五年ほど前から、「人造絹糸（レーヨン）の進歩」に、たびたび言及していた。大正の始まりの時代から、生糸の全盛期の終わりを見越し、危機感を露わにしていたのである。実際、安価で加工の便利なレーヨンの生産高の伸びは著しく、生糸は昭和の時代に入ると価格が下がる一方であった。

一九三八年に社長に就いた波多野林一は、海外視察に時間を割いていく。そして、郡是製絲は婦人用ストッキングの製造を始め、戦後の一九四六年には編み上げの技術を応用したメリヤス肌着の製造に乗り出している。やがて、定番の白いブリーフをはじめとする肌着の主力部門に育っていくのだから、「パンツの会社」の面目躍如といっていい画期であったろう。改良を重ねる婦人用ストッキングのコマーシャルキャラクターに、人気絶頂の歌手、雪村いづみを起用しつづけ、女性の社会進出のイメージを醸すことにもなった。一九六〇年になるころ、メリヤス商品の出荷は右肩上がりをつづけてゆく。非繊維分野のプラスチック事業に進出するのは、一九六二年のことである。同じ年、二十年間、社長を務めたのち、会長に就いていた波多野林一が世を去った。一九六七年に社名をグンゼと改め、現在に至る。

そして、一九六八年、満を持するように、ナイロン製のパンティストッキングの国内製造販売を開始する。ストッキングの耐久性も格段に向上してゆき、メリヤス商品と並ぶグンゼの看板製品に育っていった。

## 祖業をやめることを決断

華々しい歴史ばかりではない。ペニシリンの製造などの薬品分野、さらに健康にいいと謳う紅麹《べにこうじ》をはじめ、食品事業にも乗り出して人員と研究開発費を大きく投じながら、育てきれずに撤退を決めた過去がある。求心力ある波多野家のオーナーイズムが薄まっていく中、歴代の経営トップ層は痛みを伴う決断にも踏み切ることで、グンゼという会社とその事業を、守りながら発展させてきたのである。同時に、こうした試行錯誤の経験は、長い歳月を費やして新たなる事業を芽生えさせていく社風を培ってきたであろうことも押さえておかなければならない。

　画期と思えるのは、一九八四年十一月、祖業の蚕糸事業部を廃止し、グンゼシルクという別会社を設立して事業移管していることである。同じ年の四月に入社している現社長の佐口敏康は、「シルクをやめるということは、この時点でほぼ決まっていました」と証言する。新入社員の目にも、生糸はグンゼの主力事業たりえないと映っていたということであろう。三年後の一九八七年十月、グンゼシルクは会社解散となり、生糸製造から完全撤退する。波多野鶴吉が何鹿郡で会社を興してから九十年の時を経ていた。佐口が回想する。

「レーヨンなどの化学繊維の持つ安さ、丈夫さに、シルクは圧倒されて、もう生き残ることもできないと、みんなが思っていたのでしょう。完全撤退が決まったときも、社内は想定内といった反応で、『やっぱりな』という感じでした」

　また、時々の経営陣の英断に敬意を表する一方で、「特定の誰かが偉かった、とは強調しないのが当社の社風かもしれません」とつづけた。

「シルクに代わる次の事業が育っていたからでしょうね。次の本業がなかったら、古いものにしがみつかざるをえない。常に危機感を持っているからこそ、次の時代の事業を育て、前のものは捨ててもいいという潔さになっていくのかもしれません」

## 「ある日、突然、売れだす」

劇的に世の流れが変わるのを実感することもある。入社以来、日の当たらぬプラスチック事業部門で営業に走り回っていた佐口は、「ある日、突然、売れだすという経験をしました」と、きのうあった出来事であるかのような表情で振り返った。

入社十四年目の一九九七年、民放のニュース番組で、大阪府内のごみ焼却施設から有害なダイオキシンが大量に検出されていると報じられた。大きな原因の一つが塩化ビニール樹脂であるとも解説される。あらゆる食品や生活用品のパッケージに塩ビが広く使われている時代のことであった。グンゼの取り組みは早く、非塩ビ製フィルムは一九七六年から事業化に成功していた。地球環境保護への意識が高まっていく時期ではあった。しかし、佐口たちが取引先の担当者にいくら説明しても、コストが高くなると難色を示され、色よい返事の返ってくることはとんとなかった。

「ニュース報道のあった次の日、量販店さんや食品メーカーさんから、とにかく電話が鳴りやまず、『次はいつ来てくれるんですか』というお問い合わせが押し寄せてきたんです」

それまでは、辞を低くして商談に訪ねても、ろくに話に耳を傾けられなかった。「こういうことが世の中では起こりうるんだな」と驚きながら、佐口には腑に落ちるところもあった。

「ラッキーだったのかもしれません。同時に、いつ好機が訪れるかわからないからこそ、日ごろから一所懸命にこつこつと努力していくことがいかに大切であるかも学びました」

いまや、ペットボトル飲料の外装フィルムをはじめ、醤油、ドレッシング、納豆、スナック菓子、冷凍ピザ、液体洗剤など、多くの飲食料品、生活用品のパッケージにグンゼの技術が採用されている。訊ねると、佐口は、「いちばんシェアが高いのは、もやしですね」と相好を崩した。もやし……。

「水の中からあげられたもやしをフィルムでパッケージして上部を熱処理で閉じるというのは非常に難しい技術を要します。濡れたもやしがフィルム包装の中で曇って見えるのを防ぐ防曇《ぼうどん》効果、破れにくいシール強度、フィルムをより薄くする薄膜化技術と、こうしたところを正確にできるのが当社の強みで、カット野菜の多くにも採用されています」

佐口の下でともに営業活動に奔走してきた執行役員プラスチックカンパニー長の花岡裕史が話す。

「防曇効果を高めようとすればするほど、シール部分のくっつき強度が落ちます。カット野菜と比べて、もやしは一袋ごとが重いので、フィルムの下部の底が抜けないように、くっつき強度を上げなければなりません。当社のフィルムは厚みも初期のものに比べて半分になっていて、常に進化することをめざしています」

ふだん、スーパーマーケットでなにげなく手に取っている大衆の味方もやし一袋に、グンゼの独特の技術が長く生かされてきたとは、世の中のどれほどの人が知っていよう。

「きのこ類もまた難しいんです。個包装されても、きのこは呼吸をしつづけるので、中の水分が多くなって曇りやすい。強防曇にしながら、もやしなどよりは重量が軽い分、フィルムの強度を少し低めにしなければなりません。同じきのこ類でも、まいたけ、しめじなどの種類によっても仕様は異なります」

遊園地で欠かせぬ風船、バルーンにも、グンゼの技術が生きている。

プラスチック製品やペットボトルは全廃すべきなのか否かという議論が紙・パルプの梱包やパッケージの是非とともに重ねられて久しい。紙の利点も挙げながら、花岡は結んだ。

「ペットボトルを含め、プラスチック製品が使用後にすべて回収されて、完全にリサイクルされる本当の循環型社会に、本気で取り組みたいと思っています」

## 手強い競合に囲まれて

シルクからは離れたとて、肌着、インナーウエアこそ、多くの消費者を獲得したグンゼの看板事業である。アパレルカンパニーの営業ＭＤ本部商品企画部部長、千葉あゆみは、営業部門に二十五年いたのち、商品開発部門に移って七年目である。入社以来、ストッキングやインナーウエアに携わってきた。

「最近も、弊社のオンラインストアなどには、若い方から、肌触りが非常によくてびっくりした、というお声をいただいていて、グンゼの商品を改めて発見してくださっているようです。そうしたご評価が次のお買い上げにもつながってきています」

グンゼは、インターネット通販事業にも力を注いできた。そして、ユニクロに代表されるファストファッション、健康性や環境調和を前面にアピールする無印良品、女性用インナーウエアではワコールなど、手強い競合の業績も堅調である。

男女の肌着サンプルがテーブルの上にわんさと並べられた。

「着用感、着心地のよさを、第一に大事にしたいと思っています」

ブラカップとキャミソールが一体化したブラキャミソールというグンゼ商品を手に取って説明を聞いた。

競合他社の類似品に比べ、胸回りの締めつけが強くならないよう、入念に設計されたつくりであると、よくわかった。一例を挙げると、袖口や裾《すそ》などの生地端を縢《かが》ったり縫ったりしていない、「切りっぱなし」と呼ばれる素材を多く採り入れている。また、糸で縫わずに接着剤で生地を貼り合わせ、肌にストレスのかかりにくい仕様となっている。

アンダーバストと背中にゴムが縫い込まれておらず、着用感が格段に楽であるらしい。日ごろ、まったく縁のない肌着の微妙な感覚を、手で触って初めて少し理解できた。伸縮性の求められるブラキャミソールでも綿の割合が高いことも、グンゼの特長であろう。

「お客さまから、『この肌着を一生愛用していきたいので、絶対に製造中止にしないでください』というお声をいただくことがよくあります」

良質な製品を顧客本位でつくりつづけるというのは、波多野鶴吉が郡是製絲を創業した当時からの理念である。その理念にふれながら、社長の佐口は、次のように踏み込んだ。

「下着の会社——というのは当社の大事な看板です。ただ、それが未来永劫かというと、どうでしょう。絹の糸を創業時からの看板としていた当社は、それをあっさり捨て去っている。同時に、さまざまな新事業を展開してきました。むろん、われわれはメリヤス肌着をこれからもつくっていきたい。でも、過去の歴史を見たら、同じようなことが起こることも否定できないと、私は思います」

## メディカル事業へ進出する意義

ペニシリンの製造など、グンゼは、過去、医療分野に取り組んでは撤退し、また挑んでは仕切り直すということを繰り返してきた。そうした努力は、のちにいくつもの成功例に結実し、患者を、医療従事者を助けてきた。外科手術では多くの場合、特殊な糸による縫合が施される。とくに患者自身の負担を大きく軽減し、抜糸施術を不要とする生体吸収性縫合糸では、早くも一九八六年に国内で初めて事業化に成功している。重症火傷《やけど》などの治療に特効をなす人工皮膚は一九九六（平成八）年に実用化に漕ぎ着けた。多くの医療機器は全国の病院で採用されている。膝などに人工関節を埋め込むことなく、患者自身の組織を培養して用いて、痛みと苦しみから解放する最先端の再生医療技術も、大学病院と連携し、治験段階に入っている。

「メディカル事業は、人びとを助ける将来性ある分野です。今日までの世の中を、日本を、支えてこられたすべての方たちに元気でお過ごしいただけるよう、ご恩返しをしたい」

養蚕の生糸製造から、その祖業を切り離してなお、グンゼは大阪に本社を移しながら、いまも登記上の本店を京都・綾部に置いている。インナーウエア、プラスチック、メディカルと業容を広げ、消費者は気がつかぬような変貌を遂げてきた。「ニッチ」を追ってきた会社なのであると繰り返す社長の佐口敏康は、「ニーズをつかまえるタイミングは大事ですが、一所懸命に努力を重ねても花が開かないということもあります」と話した。リスクを負う覚悟で新たな事業を探求しつづける道を進みながら、勇気ある撤退を辞さぬ大胆な決断もまた必要になると、柔らかな表現を用いつつ、経営者として説いている。そうしたマネジメント力と従業員たちの努力と労苦、創意工夫が百二十六年という歴史を刻んできたのであろう。

「難しいことをいう前に、従業員一人ひとりがちゃんと幸せになってくれれば、それでいいと思うんです。その結果として、会社も社会も、幸せになってほしい」

# 第四章　ローカルに宿るブランド

岩下の新生姜®

岩下食品

# 岩下和了社長

## 「関東から全国へ」押し上げた父と「家業を企業へ」変えた息子。

### SNS、ミュージアム、ピンクのスーツ

しばらく前より、東京近郊の街なかを歩いているとき、立ち食いそばチェーンの店頭で、券売機に「岩下の新生姜天」と記したボタンのあることが気になっていた。

紅生姜の天ぷらが商店街の惣菜店やスーパーマーケットなどで売られているのは知っていたし、食べたこともある。しかし、そうではなく、あえて「岩下の新生姜」という既存の固有商品を天ぷらにして、そばやうどんの上にのせるということらしい。

試みに食べてみると、しゃきしゃきとした歯ごたえは、そばを啜《すす》る合間のほどよい食感となり、特有の酸味は、甘じょっぱい関東風の汁《つゆ》にアクセントをもたらしている。インターネットやツイッターなどのＳＮＳを眺めると、立ち食いそば愛好者の間で根強い支持があるらしいとわかった。ラーメン店や洋食店でも同様に具材となっていた。また、スナック菓子、ふりかけ、さらにはピンク色の漬け汁をモチーフにした万年筆用のインクまで、岩下の新生姜と冠されて売り切れとなる商品が続出している。そして、誰あろう、製造元の岩下食品の社長が自らツイッターで商品の写真を載せたり、紹介したりして、尋常ならざる時間と労力を費やしながら日本中の岩下の新生姜ファンと交流を深めている。それゆえ、愛用のスマートフォンのバッテリーがあっという間になくなる毎日となって久しい。「い・わ・し・た・の　シン・ショウ・ガッ！」というフレーズのコマーシャルで印象に残るあの商品が妙な展開になっていると知り、関東地域では桜の開花がしきりと話題になっていた二〇二一年四月、とにもかくにも社長の岩下和了《かずのり》を、栃木市にある「岩下の新生姜ミュージアム」に訪ねた。岩下はミュージアムの館長を兼ねている。

　もともとは先代社長の岩下邦夫が道楽で蒐集《しゅうしゅう》した書画骨董品を展示する私設美術館として二〇〇七（平成十九）年に設立された。晩年に邦夫がその道楽品のほとんどを売り払って世を去った翌年の二〇一五年、息子の岩下和了が自社の関連商品やピンク色のグッズを隅々まで展示するミュージアムとして新たにオープンさせた。岩下の新生姜を具材に用いたカフェなどを併設し、関連商品も販売するが、入館料はとらない。専従のスタッフも抱えながら半ば採算を度外視し、岩下食品とその製品の宣伝のために、徹頭徹尾といっていいほどに割り切っている。

定刻より少し前に姿を見せた岩下は、シックなダーク色のスーツを着ていたものの、シャツもポケットチーフもピンク色である。「マスクもピンク色ですね」と話しかけると、「ピンク色のものを見たら誰にでも岩下の新生姜を思い出してもらいたいんです」と笑った。ピンク色のスーツ姿で取材を受けることもあると知っていたから、「紙の雑誌とは別に公開されるＷｅｂ版の『文藝春秋ｄｉｇｉｔａｌ』にはカラーで写真が載る予定です」と焚《た》きつけた。岩下は、いささかも逡巡する様子なく「じゃあ、着替えてきます」と喜び勇むように席を立った。岩下は、スーツだけでなく、靴も靴紐もピンク色に統一して戻ってきた。

週末は来館者が一日に千人を超えることもあった。コロナ禍ながら、平日であるこの日も、親子や若者たち、さらに秋葉原辺りに出没していそうなリュックサックを背負ったおじさんがうれしそうに展示品に見入っている。

私を案内するピンク色スーツの人物の姿は否応なく人目を惹き、「誰？」と方々から小声が聞こえる。社長ですよ、と本人より先に答えるや、「いっしょに写真を撮ってもらえませんか」とせがまれる。気前よく応じ、「どこでもお好きに写真を撮ってください」と説明しながら、カメラを向けられると笑顔でポーズをとってみせる。

　柔らかな物腰で、ゆっくりと展示品を案内されているとき、きゃっきゃと笑いながら通路を駆けている四歳くらいの女の子が少し離れたところで足をもつれさせ、よろめいた。岩下は、慌てた様子で彼女に歩み寄りかけた。女の子は体勢を崩し切ることなく、また先へ駆けて行った。ほっとした笑みを浮かべ、岩下は何事もなかったようにまた私の案内をつづけた。このときの、ほんの二、三秒の間の表情と所作に、岩下和了という人物の心根を見た気がする。家に帰れば、高校生になったばかりの一人娘がかわいくてならない父親である。この年の六月に誕生日を迎えると五十五歳になる。

　昼どき、相変わらずピンク色のスーツを着た岩下は、ダイエットを心がけているらしく、小盛りの白飯の上にスライスした岩下の新生姜をのせ、岩下の新生姜味ふりかけ、それにすりごまをかけて、「これ、シンプルでサイコーなんですよ」と愉快そうに食べている。

「岩下食品の社長を辞めるわけにはいきませんが、僕はもうツイッターとミュージアムの館長をやっているだけでめいっぱいという感じです」

そう笑いながら、次のようにも話した。

「俺たちって『漬物屋』なのか、という自問自答をいつもしています」

「日本でいちばん知られている生姜の単品名ではないか、という自負はあります」

「お客さんや恩義ある方には頭を下げるけれど、お金に頭を下げる気はしないんです」

会話の端々から、単に人寄せパンダよろしく岩下の新生姜の宣伝マンに徹する日々を楽しんでいるだけなのでは決してないと感じさせるところがあった。

食後、館内の別室で向き合った岩下に、岩下食品と岩下の新生姜の歩みについて改めて訊きたいと、やや居住まいを正して話した。何がしかの覚悟を決めるようなところがあったのであろうか、「わかりました」と答えた岩下の眼に、どこか決然としたものを見た。

## 三代つづく漬物屋の次男坊

なりたちは、一八九九（明治三十二）年に曾祖父の岩下源次郎が栃木で開いた乾物や野菜の小売商「八百源」にさかのぼる。戦時中、地場産の生姜やらっきょうなどを日保ちのする漬物に加工し、事業を広げていった。戦後、その息子の二代目源次郎が株式会社化し、拡大を図っていく。が、結核を患い、若くして床に臥さなければならない身となる。二代目源次郎の長男が中興の祖となる一九三三（昭和八）年生まれの岩下邦夫で、二十九歳で第三代社長に就いている。和了の実父である。翌年には岩下食品工業と社名を改め、輸入原料の開発を進めていった。

七人きょうだいの長兄である岩下邦夫は、地元の県立栃木商業高校を卒業と同時に、父の命により、東京の漬物商へ奉公に出された。跡継ぎとして商売の何たるかを若いうちに叩き込もうとする父、働き先まで決められて大学などへ進学する余地は与えられなかった息子――。高度経済成長といわれる時代にあって、いずこの会社も人手が足りず、事業承継に際して親と子の思いに何らかの葛藤があるのは、大なり小なり見受けられたことであったかもしれない。病床にある父に代わり、邦夫は会社経営を継いでいくしかなかった。

岩下和了には五学年上の兄・直行がいる。勉強がよくでき、栃木市立の小中学校で常にトップクラスの成績を収めていた。直行自身、「模擬試験を受けると、県立の進学高校は全部合格圏内と判定されて受験する前から勝負がついていた」と笑って振り返る。参考書や資料を集め、一九七七年、「力試しのつもりで受けた」慶應義塾高校に合格を果たす。進学し、実家を離れていこうとする跡継ぎ候補の長男を、父の邦夫は引きとめず、学資も出した。まだ小学五年生の和了には、意気揚々と進学していく兄の姿がまぶしくてならなかった。

　邦夫は、良質な新生姜やらっきょうの生産地を求めて、海外の農家を訪ね回っていた。一九七八年、台湾への出張中、機内食に添えられていた生姜には、みずみずしい食感と新鮮な風味があり、これぞ私が長年、探し求めてきた味だと感激する。台湾在来種の「本島姜（ペンタオジャン）」という独特の生姜であることを突き止めた。邦夫の台湾通いがいっそう頻繁になる。

　多くの人が生姜と聞いて目に浮かべるとすれば、もっぱら薬味に使う根生姜か、味噌をつけて齧《かじ》る谷中生姜であろうか。岩下邦夫が探し出した台湾在来種の本島姜は独特の栽培法によって育てられる。新芽が伸びると、その上にふんわりと土をかけてさらに芽を伸ばしていくという手間を幾度も惜しまずに繰り返すことで、表面は白っぽく、筋が少なくて軟らかく細長い生姜に育つ。邦夫は、日本での栽培も試みたが、日照と土壌の違いからか、どうも思ったようにはいかない。以後、「適地適作」を旨とし、台湾の契約農場で栽培技術をより向上させることに取り組んでいった。

## 鬼のような形相になる父

下宿暮らしを送りながら、親元から離れて高校生活を謳歌する兄をうらやましく思いながら、まだ栃木の実家で暮らさずにはいられなかったわが身を、いまになって思い返そうとするとき、岩下和了には、仕事に厳格な父親の姿ばかりが記憶によみがえる。

「誠実な人だったし、周りから好かれる愛嬌もあったと思います。親分肌でもあって、漬物の独自の製法を同業他社にもオープンにするような人でもありました。しかし、こと仕事となると、仕入れの交渉にも利益を得ることにも本当に厳しかった」

夜、仕事から帰ってくると、家族と食卓を囲みながら、焼酎の湯割りを二杯だけ口にする。それ以上の深酒はせず、夕飯を終えると、執務机に戻り、帳簿をめくりながら、いろいろと書き込む。一仕事を終えると、風呂に入って床で休む。当時、すでに自宅と会社は別になっていたが、住み込み勤めで、社長の家族と食事をともにする従業員もいた。和了が忘れようにも忘れられぬのは、製造部長として長年仕えている大番頭を父が大声で叱りつける光景である。

「烈火のごとく、鬼のような形相で怒鳴って何かのミスについて叱るんです。しかも、そういう姿をしょっちゅう見ていました。なんて怖いんだ……と恐ろしかったです」

人を雇って会社を経営するとは、それほど厳しいことなのだと思う一方で、従業員にあのように接してはいけないのではないかと幼いなりに考えたりもした。

　和了も、「学校の勉強はパズルを解いているようで楽しかった」といい、成績はよかった。兄のような親元を離れた学校生活に憧れ、一定の成績を収めていれば大学受験もしないで済む同じ慶應義塾高校を、一九八二年、受験して合格する。兄が住む東京・奥沢のアパートに同居した。もとは兄の影響で興味を持ち始めた古今東西の音楽により親しむ一方、東京から生まれては次々と花開いていく華やかなポップカルチャーも楽しんでいた。

　そのような折の、ちょっとした椿事《ちんじ》であった。父も周囲も、後継ぎと信じて疑わなかった長男の直行は、慶大経済学部の卒業にあたって日本銀行への就職を決め、エコノミストとして生きると宣言するのである。和了も慶大への学内進学を控えている時期のことであったが、当時の父の心境をこう見立てた。

「父は、当然、長男である兄が会社を継ぐものだと思っていました。息子が日銀に入るのは鼻が高いことだったろうし、日銀が最終就職先にはならない可能性だってある。ただし、兄が日銀を選んだとき、『長男はそういう人生を選んだか。まあ、次男の和了もいるし』と頭を切り替えるようなところはあったと思いますね」

　つまり、父の跡を継ぐのは兄ではなく自分になるのであろうと漠然と肚を決めていくのである。

品質に妥協を許さぬ邦夫は、納得のいく台湾産の本島姜の商品化を粘り強く進めながら漬物事業を広げ、一九八六年に栃木市内に新たな本社屋を竣工するのに合わせて岩下食品と改称する。この本社も社名も、現在に受け継がれている。

本島姜の商品化に九年越しで漕ぎ着け、「岩下の新生姜」として発売されるのは翌一九八七年のことである。「い・わ・し・た・の――」というインパクトあるコマーシャルが一九九一年よりラジオで、翌年からはテレビでも流れることになる。バブル景気を後追いするように、ローカルのままであった商品は急速に知名度を獲得していく。岩下食品は、地元の高校や大学の新卒者の就職志望ランキングでも上位になる有名な会社ともなっていった。岩下邦夫は、日本の漬物業界団体の会長まで務めるなど、得意の絶頂を極め始める。和了が「事実上の創業者は父です」といいきるのは、その功績を認めているからである。

和了は、兄と同じく慶大経済学部を卒業後、住友銀行勤務を経て、一九九三年、二十七歳のとき、岩下食品に入社する。来し方を振り返ろうとすると、表情は曇りがちになる。

「折々に与えられた環境の中で、楽な道ばかりを選んでいたような気がするんです。社会人として銀行で仕事をするにしても、親の仕事を手伝うようになったときは役に立てればいいんだと漠然と考えているだけで、自分で人生を築いていませんでした」
跡継ぎであると衆目の一致する長兄という存在に加え、家業の承継をも意識しながら、大学を出てまもない二十代半ばで自らの人生を己の手で築くのは実に難しいことであったろう。若人らしく、遠い将来のことなど深く考えず、気ままに日々を送ればよかったとは回想しない岩下和了の心情は、哀切を感じさせずにおかない。

銀行を退職して家業に転じたのは、期せずして、岩下食品にとって新しい時代にふさわしい会社に脱皮しなければならない難しい時期でもあった。テレビコマーシャルを華々しく流し、大々的に新卒者を採用していた。法規にのっとった就業規則を整え、給与体系や福利厚生面も責任ある会社らしいものでなければならない。岩下食品を家業ではなく企業に変えていく必要性を和了は切実に感じていた。コーポレート・ガバナンス（企業統治）やコンプライアンス（法令遵守）などというカタカナ語がやかましく乱れ飛び始める時代でもあった。実情はというと、岩下邦夫の強いオーナーイズムによる上意下達の古い会社のままであった。

## 茨のような十年

入社から十年あまりがたった二〇〇四年、岩下邦夫は名誉会長となり、次男の和了が三十七歳で第四代社長に就任する。茨のような十年の始まりであった。

ひとつの時代背景として、健康食ブームによって、減塩食品が好まれ、漬物はその対極にある商品だというイメージが広まったことを見ておかなければならない。売り上げは急激な下降線をたどることになる。

「父が現役のころは大量生産によるセリング（売り込み）の時代でした。売る方法もひたすらプッシュ（押し込み）するだけです。でも、物はあふれているのだし、そのやり方ではお客さんはもう買ってくれない。僕はマーケティング（顧客志向）の時代の人間なので、お客さんが本当に欲しいと思う商品をプル、つまり引き上げるようにして買っていただけるように転換しなければいけないと考えていました」

兄の直行は、「ある時代までの中小企業の経営者はワンマン型の人が多かったでしょう」と指摘した。

「父は、自分の経営感覚が時代に合わなくなってきていると認識したからこそ、身を退いていった。それでも、自分がつくりあげた会社が意のままに動かないことはやはり不満だったようです。父と弟、双方から話を聞いていました。会社の個々の案件にも父はこまかく口を出していたようで、和了も苦しんでいましたね。父は父でつらかったのでしょう」

とくに、家父長の率いる集団ではなく、近代的な会社組織に改めようとすると、父は次男の社長に強く意見した。このころについて訊ねると、和了の口は重く、ときに押し黙った。忘れたがっている古傷にふれるような罪悪感が伴った。和了は、うっすらと涙を浮かべることもあった。悲しいからなのではない。苦しかった夜を思い出すあまりである。

「親父の『商売とは儲けることなり』というような考え方に対する反撥がけっこうありました。俺は金儲けのために生まれたわけでもないのだから、と。世代が違うし、僕と対立することは多かったけれども、親父の生き方としては美しかったのだろうと思います」

父から子への事業承継を、互いに優れて共鳴し合う親子鷹にたとえることがある。美談で飾られる世代交代の物語など、実際の会社経営に、そう多いものではないのかもしれない。絞り出すような述懐を聞いていて、桎梏《しっこく》という二字が浮かんでならなかった。単なる手かせ足かせという字義以上に、蝕《むしば》むように身を苛《さいな》んだのが父の存在だったのであるとすれば、かくも血族の確執は底なしなのだと思わずにいられなかった。

岩下和了は、一時、強い煙草を日に二箱も空け、夜ごと深酒に沈んだ。狭心症に至るほど体調を悪化させたこともある。看板商品である岩下の新生姜の下降線を描いていた売り上げは、最悪期に、ピーク時に比べて三分の一までに落ち込んだ。

天の時、地の利、人の和というものがある。戦いの場になぞらえる例が多けれども、人智を超えた天の配剤としかいいようのないことは、人の運命にも会社の展開にもある。

二〇一四年四月、父の邦夫は末期の大腸がんにより、病床に臥して一年とたたず、八十年の天寿を終えた。丁重に弔うと、和了は軛《くびき》から解き放たれたように精神の安定を取り戻していった。「自分らしく生きられるように、やっとなりました」と話す。安寧を得たと伝わってくる表情に、当方も救われた思いになる。客だけでなく従業員も笑って毎日を送れる会社へ生まれ変わろうと、自由であることをなによりも優先するとし、誰より自由であろうと振る舞い始めた。

父は、国内産の原料野菜のみを求めた祖父とは別の発想から、海外へも視野を広げたことで事業拡大を成功させたという自負を持っていた。和了に、「もしも先代が長生きしていたなら、原料野菜を海外に求める事業展開は後れたことだろう」と胸の内を明かしていた。先代社長である実父への遠慮が存命中にはあったという告白である。後を継いだ息子が図らずも父の死によって自由な経営の舵取りへと踏み込んでいくのは、和了にもいえることであった。

兄は、金融と情報通信技術を組み合わせたファイナンス・テクノロジー（フィンテック）研究の第一人者となり、日銀に新設されたＦｉｎＴｅｃｈ《フィンテック》センターの初代センター長に就いた。二〇一七年からは、京都大学公共政策大学院の教授を務める。

社長の職を継いだ弟について、「新しい時代に合った経営スタイルをつくってきたのは間違いありません。よくやっていると思います」と評す。

## 「愛があればフリー素材」

すでにツイッターで自社商品の宣伝に熱心であった岩下和了は、新生姜から転じて「ＮＥＷ　ＧＩＮＧＥＲ」という和製英語を捻《ひね》り出す一方、減塩、添加物不使用、賞味期限延長、常温保存可能と、商品の改良と利便性の向上にも努めることで、商品数を増やし、売り上げも取り戻してきた。冒頭でふれたように、岩下の新生姜と冠したさまざまな商品についても、「愛があればフリー素材」と公言し、商標使用料などを必ずしも厳密に要求せずにきた。岩下の新生姜に愛情を持って製品化するなら、商品のロゴやキャラクターのイラスト、写真をパッケージに使用するのも自由ということである。岩下は「コラボ（合作）商品」と呼んでいるが、その総数はどれくらいになるのかと訊ねると、「数百ですかね」と大雑把に答えて苦笑した。食品にとどまらず、文具やおもちゃにまで広がっていることを考えると、もしや四桁のアイテム数になっているのではないか。

「うちの会社は、たとえお金が貯まらなくても、信用を高める努力はしつづけているからこそ、『コラボしましょう』というお声が引きも切らないのだと思いますね」

　さはさりながら、無借金経営を貫いてきた。一時は三分の一にまで激減した岩下の新生姜の売り上げは、最盛期の三分の二ほどまでに盛り返してきた。「若い人を中心に確実に新しいお客さんが増えてきています」と相好を崩す。

　明るい表情になってきた岩下がスマートフォンの画面を見せ、「初めて、こんなことにもなってきました」と、ことのほかうれしそうに表情をゆるませた。二〇二一年三月より、栃木市立小中学校全四十三校の給食に初めて「岩下の新・しょうが焼き」というメニューが順次提供されるというニュースであった。定番の豚肉の生姜焼きに、自社の看板商品が用いられるというのである。むろん、岩下直行・和了兄弟と妹・由里子の通った母校もそこに含まれる。「うれしくなっちゃいますよね」と、いつまでもニュース画面を眺めていた。

　会社の正式な沿革では初代の岩下源次郎を創業者と位置づけ、三代目である父を「事実上の創業者」という岩下和了は、いうなれば第三の創業者になろうとしている。ピンク一色の道化師を演じているようでいて、岩下の新生姜の伝道者として、心配になるほど、寝る間も惜しんで心身のありったけを尽くしている。新たなコラボ商品の開発、さらに宣伝に、これほど執念を持って率先垂範する食品会社の経営トップは、果たして国内に存在するであろうか。

　七時間半に及んだインタビューからほどなく、亡くなって七年になる父の墓参りを家族そろってしてきたという旨、ツイッターでつぶやいたと連絡を受けた。そのツイッターに《父の最期の思いは「頼んだぞ」というものだったろう。なるべくそれは忘れるようにしてる😅　でも忙しく元気に働いてるから許してほしいよ😌》とあった。岩下和了は、私へのメッセージに《親子とは難しいものですね》と添えていた。お父さんの思いは「ありがとう」という感謝になっていることでしょう、と返信した。旅路はまだまだ遠い。どうか息長い歩みを。

銚子電気鉄道

銚子電気鉄道

# 竹本勝紀社長

## 「鉄道会社なのに自転車操業」。地元の足は〝自ギャグ〟路線運行中。

### 〝ギャグで笑い飛ばそう〟という原動力

「経営状況はいつも厳しくて、人、物、金、すべてが常に不足しています。この貧しい経営資源を前提にして、何ができるのか。これが当社に与えられた環境です。底力があるなんていっていただくこともありますが、そんなものはおよそありません。とっくに底が抜けていますから。さらにコロナの影響が加わって、こんなにお客さんが激減する日が来るとは思いもしませんでした。一応、現在の社長としての任期は来年の六月までなんですが、あす辞めるか来月クビになるかわかりませんよ。もっと早く辞めりゃよかったですね」

　百八年前の前身会社の創業時に建てられたという仲ノ町駅舎を兼ねた木造本社の事務室

を、二〇二一年五月に訪れた。ひととおりの挨拶のあと、社長の竹本勝紀は、いきなり開き直ったように語り始めた。わずか数日前に五十九歳の誕生日を迎えたばかりである。型どおりながら、おめでとうございます、と祝いを述べると――。

「来年は還暦です。息つく暇もないほど忙しいから、人生も終焉に近づきつつあります」

　お忙しいことと思いますが体調はいかがですか、と訊ねるや、真顔で「死にかけてます」と即答した。デスクワーク中の従業員が傍らで肩を小刻みに震わせながら笑いを噛み殺している。始発の銚子から終点の外川《とかわ》までの十駅、全長六・四キロをゆるゆると約二十分で走行し、自転車よりも遅いと話題になる銚子電気鉄道だが、社長の竹本の話しっぷりは快速電車のようである。

「私の原動力？　ギャグじゃないですかね。悲嘆に暮れていてもしょうがないので、笑って乗り越えようと、いつも真剣にふざけてますから。他人《ひと》は決して傷つけないかわりに、自らを虐げてギャグで笑い飛ばそうという〝自ギャグ〟路線を突っ走っています。なにしろ、電車会社なのに万年自転車操業ですから」

　関東の最東端に位置し、日本一の水揚げ量を誇る千葉県の漁港町で至って平坦な線路を走る銚子電鉄なれど、経営は山あり谷あり……というより、谷ばかりの苦境を凌いできた。

竹本は、税理士として銚子電鉄の顧問になったのちに推されて社長に就いた。運転士の免許を取得し、いまも月に三回程度、運転席に座る。経営の舵取りをして九年目である。

「うちの新卒者の入社面接試験で、『家業は何ですか』と訊いたら、『かきくけこ……』と平然と答えた人がいましてね。さすがに絶句していましたら、実は地元の有名な八百屋のお子さんだったということがありました。まあ、銚子電鉄というのは地元のみなさんに百年以上も愛されて、それだけ親近感があって……もうやめておきます」

　銚子は、ともに一六〇〇年代の創業であるヤマサ醤油とヒゲタ醤油の本社や工場などがあることでも知られる。ＪＲ銚子駅と同じホームから銚子電鉄に乗ると、線路の左右にある工場から醤油の元となる醪《もろみ》の匂いがぷーんと漂ってくる。その匂いが遠のくにつれ、しだいに畑が増えていく。この時期は春キャベツの収穫期であり、丸々と育った緑の実りがなんともみごとに鮮やかな絨毯のように広がる。踏切の点綴音《てんていおん》が近づいてきて、窓の外で、遮断桿の向こうに、よく日に灼けた男性の運転するトラクターが停まっているのを、幾度も目にする。二両の車内は空《す》いている。カメラを手にした観光目的とおぼしき乗客の姿も少なくないが、黄色い帽子をかぶった小学生に加え、制服姿の中高生たちも乗り降りしている。犬吠埼《いぬぼうさき》灯台に近づくと、沿線に生い茂る緑が自然のアーチをつくっていて、車両がくぐり抜ける。目にまぶしい新緑の生育は著しいようで、時折、風に揺れる葉が車体や窓ガラスに当たり、シャリシャリッと音を立てる。少し開けられた窓ガラスから入る風、おそらく堆肥などを含むであろう土やらのどこか懐かしい匂い、肌に焼きつくような陽差し、どれもこれも、なんとも心地いい。

## 本業と縁遠い副業に活路を開く

一九一三（大正二）年に、銚子‐犬吠間を結ぶ銚子遊覧鉄道として開通したのが発祥である。前述の仲ノ町駅は、銚子駅の次であり、この開業当時の駅舎が現存して本社を兼ねている。鉄道は地域住民の暮らしに欠かせぬ足であり、犬吠埼灯台や銚子の海水浴場は人気の観光地でもあった。だが、経営は安定せず、四年で廃線となる。住民の要望を受け、一九二三年、現在と同じ銚子‐外川間を走る銚子鉄道として改めて開通し、現在に至る。戦中、空襲を受けて車両や車庫、変電所などを焼失し、運休を余儀なくされた。戦後の一九四八（昭和二十三）年、銚子電気鉄道として再建されるのだが、百年近い歴史は危機と波瀾の連続であった。その歴史は限られた紙幅ではとうてい描ききれない。最小限に追う。

　再建から三年で輸送人員が減少し始め、早くも赤字に転落する。競合関係にあった地元のバス会社に買収され、さらにその親会社が廃線の方針を打ち出したが、銚子電鉄の運営継続を望む地元住民の強い反対によって列車の運行がつづけられる。

赤字を少しでも埋めるべく、一九七五年に国民的な大ヒット曲となった「およげ！たいやきくん」にあやかり、鉄道会社でありながら、翌年、唐突にたい焼きの製造販売を始める。これが予想外の評判を呼び、銚子電鉄が副業に活路を見い出していく発端となった。訪問したときも、犬吠駅で、曜日と時間帯を限定して販売していた。つぶあん、カスタードクリームの二種類に加え、七月までの期間限定でチョコレートも売られていた。三種類すべてを食べたが、生地の食感はパリパリもちもちとして、尾の部分まで詰まったあんはほどよい甘さでちょうどいい。さすがは四十五年の実績というべきか。「弧廻《こまわり》手形」と名づけられた大人七百円の一日乗車券を買って乗車してでも賞味する価値があると思った。

一九九五年、もともと銚子の名物でもあったぬれ煎餅《せんべい》の実演販売にも乗り出す。ＴＢＳ系の朝の情報番組「はなまるマーケット」へ第一回のゲストに出演したタレントの山田邦子が好物として紹介したことから、ぬれ煎餅の知名度は一気に上がる。勢いづいた銚子電鉄は、鉄道部門の年商が一億円強だった時分の一九九七年に八千万円を投じて、ぬれ煎餅の自社製造工場を建ててのける。九九年度には、鉄道部門の年商が一億四千万円であるのに対し、ぬれ煎餅のそれは約二億五千万円へと跳ね上がる。これを機に、銚子電鉄の売上高構成比は主従が完全に逆転する。このころを称して、社長の竹本勝紀は「第一次ぬれ煎餅ブームの到来でした」と表情を変えぬまま涼しげに笑みを浮かべる。

好事魔多しというべきか、同じころ、紆余曲折を経て親会社となっていた建設会社が経営破綻した。その親会社の社長が銚子電鉄の名義で借りた資金を私的流用していたと発覚し、刑事事件に発展する。この事件により、銚子電鉄はそれまで受けていた県と市の補助金を得られなくなる。たちどころに運転資金に行き詰まった。その折、千葉市内の会計事務所で税理士として副所長を務め、五百社ほどの顧客を抱える竹本勝紀に、旧知の弁護士から泣きつくようにして声がかかるのである。

「すぐにも潰れそうで、もはや破産するしかないような会社がある。でも、破産の手続きを始めるための予納金も捻出できない。会計や税務の面倒を見てもらえませんか」と——。

銚子電鉄の存在はむろん知っていた。苦しい台所事情を深く探らぬまま、それでも「私でお役に立てるなら」と引き受けた。

## 「モラトリアムが長かった」

竹本勝紀は千葉県木更津市に次男坊として生まれた。父の一忠《かずただ》は、税務署勤務時代に、非共産党系の職域労働組合を新たに旗揚げする発起人に仲間とともに名を連ね、弁の立つ勇猛な人物として通った。税理士として独立してからも、面倒見がよく、正論を貫く姿勢は変わらず、「一忠《いっちゅう》さん」と敬愛されて広く知られてきた。九十歳のいまも現役の税理士として忙しくしていると息子の竹本勝紀から聞いた。その勝紀は、「父の血を確実に引いちゃっていますね」と笑いながら自己分析する。

小学生のころから「時刻表」を愛読し、地元の千葉から、たとえば九州の目的地に最短かつ最安運賃の旅程を組み立てて空想の旅に浸ったり、お年玉を貯めて鉄道模型を買いそろえながらジオラマをつくったりすることで、自分ひとりの世界を愉しむ筋金入りの鉄道好きの少年であった。地元の市立岩根中学から慶應義塾高校へ入って一人暮らしを始める。慶應大学に進むころには国際情勢への関心が高まり、研究者を志しつつ、政治的な活動や学生新聞などの編集にも携わった。まだ米ソを中心とする東西冷戦の時代であり、父と同じく、共産主義思想と一線を画する信条を持ちつづけた。さりとて政治を生業にするつもりもなかった。

「いろいろやったわりに、結局、箸にも棒にも引っかからない学生だったと思いますね」

「燃え尽き症候群のようになって、半ば生きる気力をなくしていた二十六、七歳のころ」、父の営む税理士事務所に職員として勤め始めた。二十七歳で結婚し、やがて二人の娘にも恵まれた。父の元で兄の秀幸とともに働きながら、都市工学や不動産を専門とする研究者を志した時期もある。三つの学会に所属し、論文をいくつか書いたが、学究の徒となることはなかった。努力と試行を重ねながら、針路を決めかねていたのかもしれない。

振り返って、「充電期間というかモラトリアム（猶予）が長かった。思索にふけっていたことにしてください」と苦笑して多くを語らない。

資格を得て税理士登録をするのが一九九九（平成十一）年、三十七歳のときのことである。父の税理士事務所は兄が継ぐ見込みとなっていたこともあり、やがて千葉市内にある会計事務所に請われて移る。銚子電鉄の親会社の建設会社が火の車となっていた時期と相前後する。建設会社の社長による横領が発覚した翌年の二〇〇五年二月、竹本は銚子電鉄の顧問税理士になる。

雌伏の獅子がついに覚醒する。それにしても、当時を振り返る自身の語りっぷりはいかがであろう。

「代表取締役が逮捕されるという意味で、日産自動車の十五年先を行く、時代の最先端の会社といえなくもなかったですね。先見の明があったのでしょうか。そのうえ、もともと借金があるのに、元社長の借金まで背負わされて、補助金は全額カットです。電車はとにかく金食い虫でしてね、道床交換というんですが、線路を一メートル直すのに十万円かかる。電車の検査費用は二両編成だと千五百万円もかかります。私も、会社を助けたい一心で、血圧が上がるほどひたすらぬれ煎餅を食べました」

　何とか窮地を脱しようと見よう見まねの自己資金でパソコンの環境を強化し、インターネットの公式ホームページ上に「銚子電鉄公式オンラインショップ」を半ば勝手に作った。このネットショップで一日にようやく一万円ほどを売り上げていたとき、経理課長がなりふり構わぬ叫びをサイトに載せた。

《電車運行維持のためにぬれ煎餅を買ってください!!　電車修理代を稼がなくちゃ、いけないんです》

　哀願の叫びは瞬く間に広がり、オンラインショップにぬれ煎餅の注文が殺到した。竹本は「第二次ぬれ煎餅ブームがやってきました」と、こんどは脱力したように突き抜けた様子で語る。乗客の大幅な増加にもつながっていった。そして、笑いのめすのである。

「ぬれ煎餅の売り上げが二億円から一気に四億二千万円に跳ね上がりました。鉄道収入も一億一千万円から一億六千万円に急増したんです。会社の預金残高が一億円を超えるのを初めて見ました」

身軽な体質の会社になることを目標に、当時のメインバンクから債権譲渡を受けた債権回収会社にかけ合いながら借金を少しずつでも返済することに努めていき、一億円ほどの実質的な債務免除を受けた。税理士として長く培ってきた計数管理の手腕と、目の前の相手を笑いの渦に巻き込まずにはおかない人となりと独特の話術は、難しい交渉の場でもいかんなく威力を発揮した。

二〇〇八年に社外取締役となり、老朽化した車両を更新すべく資金調達に奔走した。二〇一〇年にようやく買うことのできた念願の車両は、京王帝都電鉄（当時）から伊予鉄道に売却され、さらに使用済みとなった二両編成で、一両十二万円と破格であった。ただし、船便で運ぶ輸送費に三千万円、さらに改造費がかかり、一両あたり四千万円を要することになった。それでも新車両を買うよりは安かった。竹本勝紀の語りは、聞いていると、涙を誘ってやまないのだが、それが貰い泣きなのだか笑い泣きなのだか、こちらもわからなくなる。

「私と同じ昭和三十七（一九六二）年製で、わが身のようです。電車の法定耐用年数は十三年なので、その四倍近くを経過した車両でした。故障ばかりしていますが、銚子電鉄初の冷房車で、いまでも主力車両として走っています」

### 税務署の追徴課税に「倍返し！」

　社員たちと喜びに浸ったのも束の間のことで、翌年、東日本大震災による福島第一原子力発電所事故の風評被害で観光客の姿がぱったりと途絶える。つらかった日々を語っているというのに、竹本の役者っぷりに、つい吹き出さざるを得なくなる。

「幸せは長くはつづかないということなんでしょうね。汚染されているはずもないんですが、銚子駅前のロータリーに人っ子一人いない状況になってしまったんです。お客さんがまったく乗っていない電車を走らせていて、『銚子電鉄は空気を運んでる』といわれましたね。人生も会社もそんなに甘くねえぜ、って笑うしかありませんでした」

　笑ってごまかすのではなく、火中の栗を拾う道を竹本は選ぶ。周囲の推薦と期待の声に応えて、震災の翌年の二〇一二年十二月、銚子電鉄の社長に就任するのである。税理士の仕事を兼務しながら、役員報酬を月に十万円だけ受け取ることにしたが、自宅から銚子への通勤費でほとんどなくなる。ほかの六人の取締役もそろって別の収入源を持ち、報酬ゼロで経営を支えている。

竹本が数字に強いことは、受け答えに金額や年月を正確に添える語りでよくわかる。クライアントを数多く抱えるベテラン税理士でもあるのに、「私は数字を見るのが嫌いなので、もっぱら営業的なことをしています」とまた笑いのめす。

「高校と大学の後輩にあたる優秀な人に顧問税理士になってもらって、いわば屋上屋を架しているんです。その税理士が『竹本さんがライフワークとして取り組んでいるのだから、私もライフワークのつもりで支援します』といってくれましてね。私がやっているのは、もっぱら煎餅だけにライスワークみたいなものなんですが」

学生時代とその後の「モラトリアム」期間に培った経験と知識、そして度胸は要所で銚子電鉄の窮地を救い、ときに面目を施すことになった。顧問税理士になってから一度だけ税務調査があり、道の駅に販売を委託していたぬれ煎餅のわずかな在庫の計上漏れを指摘され、追徴課税を受けた。自らも税金のプロである。竹本は、声をひそめながら、「頭にきた！　取られたら取り返す！　と息巻いちゃったんです」と明かす。後日、竹本は「税務署様専用注文シート」を作成し、自ら先方へぬれ煎餅の訪問販売に出向いた。署長以下、幹部たちがみな笑ってぬれ煎餅を買い、追徴課税額の二倍以上の利益を持ち帰るに至った。

「文字どおり倍返しでした。税務署の方々にもいまは感謝です。あのテレビドラマ『半沢直樹』ブームの五年前のことでした」

約五億円の年商のうちの七割から八割をぬれ煎餅などの鉄道収入以外が占めており、民間の信用調査会社である帝国データバンクは、銚子電鉄を、鉄道業ではなく「米菓製造業」と分類する。売り上げが減少してきたぬれ煎餅につづく看板商品として、二〇一八年にスナック菓子「まずい棒」を発売し、これまた全国的な知名度をまたたく間に得てこつこつと経営に貢献している。二〇二〇年、コロナ禍のさなか、リニューアルを図り、まずい棒の「か〜るいチーズ味」を売り出した。パッケージに《さらにマズくなりました…経営状況が（涙）》とコピーを添えた。自虐の上塗りである。

「苦虫を噛み潰したような顔で仕事をしていても誰だってつらくなるだけですから、ならば、みんなで笑って乗り越えられるように楽しくアイデアを出し合うほうがいいのではないかと思うんです」

まだとどまらない。サバとサバイバル（生存）をかけた「鯖威張るカレー」、地元のキャベツ農家との共同開発商品「ぬれ餃子」もヒットしている。さらに、バラストと呼ばれる線路の砕石を缶詰にしただけの路傍の石ならぬ「線路の石」といった具合で、その脱力っぷりに満ちたネーミングについて、「二十人ほどの社員みんなでいつも考えています」とし、「次に考えているのは、ウエハースをベースにした『キップ買って』というお菓子です」とつづけた。似たような音韻の、ウエハースをチョコレートでコーティングした有名な菓子を思い浮かべるか否かは個人の勝手であり自由である。

二〇一八年に公開されるや、関係者が驚く興行収入三十億円超の大ヒットを記録した映画『カメラを止めるな!』にヒントを得て、『電車を止めるな!〜のろいの6・4km〜』という映画まで制作した。ホラー調で「呪《ノロ》い」とも表記する副題からして居直ったような自ギャグである。竹本自ら出演して「超C(銚子)級」と謳い、目下、コロナ禍にめげず、全国でローカルに上映されている。

「銚子の観音様を祀る名刹・圓福寺で国際映画祭を開催できたらと思っています。観音だけに『カンヌン国際映画祭』としてはどうでしょう。映画祭の開催に合わせて、次は『パリは燃えているか』ならぬ『銚子はぬれているか』という映画ができたらいいですね」

## 「電車屋冥利に尽きる」

調子づいているだけではない。人口減と高齢化の進むスピードは大都市よりも速いことから、地域住民の足として安全に電車を運行しつづけるための地道な努力と創意工夫はもちろん怠らない。地元の銚子警察署と提携し、自動車の運転免許証を返納した高齢の市民を対象に、大人の半額の小人料金で乗車できるサービスを、自らが社長に就いてまもない二〇一三年から始めている。運転免許証を返納した一組の老夫婦がその足で二キロあまりを歩いて銚子電鉄の本社へ訪れたことがあると竹本は明かした。

「銚子警察署で半額割引のサービスのことを聞いたそうです。おそらく三十分以上をかけて歩いてこられて、『これからは銚子電鉄さんのご厄介になりますので、どうぞよろしくお願いします』と、おふたりで深々と頭を下げてご挨拶されたんですよ。『こちらこそ、ありがとうございます』と頭を下げながら、電車屋冥利に尽きると感激しました」

　将来を見据えて、鉄道事業と会社、そして従業員たちへの思いも頭を離れない。

「いまだって、経営が成り立っているとはいいがたいような状況ではあります。ですから、このようなことを申し上げるのは非常におこがましいんですけれど、いつ私がいなくなっても会社がちゃんと回って、電車を走らせつづけることができるように、その基盤づくりをしているつもりなんです。何もない鉄道ですから」

　従業員の一人は、竹本について「どんなことでも、頼まれると断れなくなっちゃう人なんです。面倒見がよすぎるんですよ」と遠慮ない様子で評した。なお図々しく訊ねた。

――従業員のみなさんの給料水準は……。

「低いです！　銚子電鉄はずっと景気が悪いんです。景気がいいときがないので」

ともに、夜間から早朝にかけて駅が無人となっている静寂《しじま》の受難である。二〇二〇年十月、本銚子駅の待合室の掛け時計が不届き者によって持ち去られた。さらに翌二〇二一年の二月には、犬吠駅の事務室が狼藉に遭い、なけなしといっていい、しかし従業員たちが汗して稼いだ貴重な現金二千四百円が盗まれた。いずれも新聞やＳＮＳで全国的なニュースとなってあっという間に広まった。竹本勝紀は、「二千四百円を盗まれて全国ニュースになった会社はたぶんうちだけだと思うんですよね」と複雑そうに微笑んだ。

前者に対して本社あてに日本中から山ほどの時計が、後者には現金書留などで合計百万円以上が寄せられた。二千四百万円ではなく、二千四百円の盗難に対して、である。かつて行政側からの補助金が打ち切られたことを覚えている支援者たる市民たちより、浄財たる助成金が寄せられたということであろうか。

「時計がなくなったらたくさんの時計を、現金が盗まれたら多額のご寄付をいただくことになりました。本当にありがたいかぎりです。これで万が一、電車が盗難に遭ったら……

いや、やめておきましょう」

手を振って大仰に打ち消してみせながら、眼鏡の向こうの眼《まなこ》が少し怪しく光った。

崎陽軒

崎陽軒

# 野並直文社長（現会長）

## めざすは真の「ローカルブランド」。信念に辿り着いた横浜物語。

**「シュウマイ」でなく「シウマイ」である由来**

崎陽軒——。そう記して「きようけん」と読む。北海道や関西、九州ではあまり馴染みのない名称であるかもしれないが、首都圏では圧倒的な認知度を誇り、焼売《しゅうまい》を名実ともに地元のソウルフードとして根づかせてきた唯一無二の食品メーカーである。宇都宮市と浜松市、宮崎市は餃子《ぎょうざ》の購入額日本一の座を巡ってしばしばニュースになる。ご当地の横浜市では餃子を上回り、焼売の購入額が断トツで日本一なのである。

崎陽軒はその焼売の代名詞同然なのだが、「シウマイ」、「シウマイ弁当」などと表記することでも知られる。横浜駅から歩いて二分ほどの本社の社長室で、三代目の野並直文に、初代の出身地訛《なま》りからシウマイと称するようになったという説がありますね、と冗談半分に訊ねると、「いえいえ、説ではなくて、本当なんです」と血色のいい顔をほころばせた。

「栃木出身の祖父はイとエの発音が逆になったり、拗音のュの発音が苦手だったりで、『シュウマイ』といえずに『シウマイ』といっていました。中国語の発音に近いともいうのでそのまま商品名にしたんです。祖父がいう『委員会』は『宴会』としか聞こえませんでしたしね」

自民党の重鎮であった渡辺美智雄の往時の栃木訛りが思い起こされた。

崎陽軒のシウマイ弁当は、日本でいちばん売れている駅弁として通る。

野並直文には、仕事熱心だった祖父・茂吉《もきち》の記憶がある。

「とにかく、朝起きてから夜寝るまで商売のことばっかり考えていました。たまねぎ一個、大根一本がいくらになったと、とにかく商況に詳しくて、身体は小さかったんですが、よく働いていましたね」

シウマイおよびシウマイ弁当は、出張族の食事に、また車内でのささやかな晩酌の相伴に、そして関西方面に帰省する人びとの横浜土産に不動の人気を得ている。揺れる列車の中でも食べやすいようにと崎陽軒のシウマイは一口大になっており、アクセントのグリーンピースは餡《あん》に混ぜ合わされている。一九九一（平成三）年、四十二歳のときに父を継いで社長となって以来、三十年余にわたり、七十二歳の今日まで幾度も経営危機を乗り越えながらシウマイを看板商品として率いてきた野並は、さすがに何でもよく知っている。

「昔、学校給食の業者が子どもたちに、どんな焼売を食べたいかとアンケートをとったら、『ショートケーキのようなものが食べたい』という声が多かった。そこで苺の代わりにグリーンピースを乗せたのが始まりなんです」

焼売をショートケーキと結びつけて考えたことはなかった。

「シウマイは練り物ではなくて混ぜ物なんですよ。豚肉にたまねぎなどの具材、調味料を加えて混ぜる。でも、混ぜすぎると蒲鉾のような練り物になってしまう。グリーンピースを入れると、食べたときに適度に素材感の残る混ぜ物、つまりうちのシウマイの餡になるんです」

### 横浜の名物づくりに挑む

崎陽軒は、はじめからシウマイを看板商品にしていたのではない。

一八七二（明治五）年、新橋との間で開通した日本初の鉄道の横浜駅（現在のＪＲ桜木町駅）構内にルーツがある。第四代駅長だった久保久行が退職後、友人らの勧めで当局と交渉し、妻コトの名義で構内での物販の営業許可を受けた。出身地の長崎を、来航した中国商人が「太陽のあたる岬」との意から漢文調に「崎陽」と呼んだ。久保は、この長崎の別称を屋号に冠した。

一九〇八年に営業を始め、駅構内で牛乳やサイダー、餅などを売り始める。横浜駅の移転に伴って崎陽軒も移り、駅弁の製造販売に乗り出した。その支配人に任ぜられたのがコトの婿養子の野並茂吉である。茂吉は、のちに株式会社化された崎陽軒の初代社長に就く。

ほどなく幕の内弁当などを扱うようになっていったが、東京駅から約三十分と近いこともあり、売り上げは振るわず、横浜らしい特色のある商品も生み出せずにいた。茂吉が目をつけたのは、当時は南京町と呼ばれていた現在の横浜中華街である。

南京町の店では、どこでも突き出しとして焼売が供されていたことから、これを名物にできないかと思いつく。中国・広東省の出身で、南京町で中華料理店を営む腕のいい点心職人として知られる同い年の呉《ご》遇孫《ぐうそん》を崎陽軒にスカウトし、駅弁にふさわしい、冷めてもおいしい焼売の開発にあたらせた。試行錯誤の末、水に浸して戻した干帆立貝柱を混ぜ合わせることによる独特の風味とレシピを確立する。そして、一九二八（昭和三）年、名物

「シウマイ」を発売するのである。現在と同じく一口サイズで、一箱十二個入りで五十銭だったとの記録が残る。

「創業者や呉さんら先人がめざしたのは、まだ横浜には名物と呼べるものがなかったから、それを自分たちの手でまったく新しくつくるということでした。われわれの手で横浜の名物をと、これがうちのチャレンジングな社風にもなっていったと思います。祖父も、うまいことに中華街、それから焼売に目をつけましたね」

豚肉、干帆立貝柱、たまねぎ、でんぷん（片栗粉）、そしてグリーンピース、調味料は塩、砂糖、胡椒のみと至ってシンプルである。合成保存料や着色料は使っていない。小麦粉で作る皮もむろん自社製である。

「発売以来、材料もレシピもまったく変わっていません。変わったのは、手作りから完全機械生産になったことくらいです」

野並のまぶたには、最晩年まで毎日、崎陽軒の本社兼工場にバスで通ってきて、陽当たりのいいところに腰かけて船を漕ぎつつ、従業員たちがシウマイづくりに精を出すのを満足げに眺めている呉遇孫の姿がいまも懐かしくよみがえる。

## 二代目が真空パックを開発

崎陽軒は、やがて駅前に食堂を開き、レストラン事業も手がけるようになる。

俄然《がぜん》、耳目を惹く契機となったのは、戦後まもない一九五〇年、横浜駅ホームで商品を売り歩く「シウマイ娘」による販売を始めたことであった。乗客へ車窓越しに販売するため、身長百五十八センチ以上の女性であることを採用条件にしたと伝わる。ホームに停車中のわずかな間に、駅弁と湯茶を窓越しに慌ただしく買うのは、往時の日本人にとり、長距離電車に乗る楽しみのひとつであった。いまや、コンビニエンスストアが日本中にあり、駅構内の売店も多様化した。新幹線の窓は開閉せず、ホームで売り子から大急ぎで弁当を買うという光景も昔日の光景となった。

四年後の一九五四年、駅弁屋の原点を思い返すように「シウマイ弁当」を発売する。シウマイ四個に加え、ぶりの照り焼きや玉子焼き、蒲鉾、酒悦の福神漬、そして白飯といったボリュームで、一箱百円であった。

シウマイ弁当に付いている醤油は使い捨ての小さなポリ容器入りだが、「昔ながらのシウマイ」や「特製シウマイ」などには磁器製の白いひょうたん型の醤油入れが添えられている。発売当初はガラス製であったが、その後、白い無地のひょうたん型の磁器製に代わる。やがて、代表作『フクちゃん』で知られる漫画家の横山隆一自ら「目と鼻をつけてあげよう」と申し出たことから、いろはにちなんで四十八通りの表情が描かれるようになった。愛称「ひょうちゃん」の全種をそろえようとするコレクターは世に少なくない。白い磁器製の「ひょうちゃん」は、当初から、本場の愛知県瀬戸市にある碍子《がいし》メーカーで製造されている。

シウマイ弁当の容器は、一日に約二万五千食を売る現在でも、水分のバランスを保ため、材木を紙のように薄くスライスした経木《きょうぎ》が使われており、主にふたはアカマツ、底はエゾマツで、北海道の指定メーカーで加工され、横浜と東京の工場に送られる。外枠や、中の仕切りの木材は食品用の糊で貼り合わされる。主原料の豚肉は鮮度を重視し、冷凍物は扱わず、国内産の塊肉を仕入れて自社工場で挽き肉にする。干帆立貝柱は、いうまでもなくオホーツク海産と、横浜の「名物」と銘打ちながら、全国より粋と贅を集めてつくりつづけられている。

「冷めてもおいしい」と謳うシウマイが出発点であったからこそ、弁当に入る俵状に成型された白飯にも同様の品質を追求する。その結果、米を蒸して炊き上げる製法を確立した。たとえ時代が変わろうと、容器に経木を用いつづけるのも、シウマイや白飯などの品質をなによりも重んじるからである。

一九六五年に茂吉が他界し、長男の豊が二代目社長に就く。就任まもない一九六七年、製造過程で高温レトルト殺菌した真空パックのシウマイが誕生する。熱烈な愛好者から寄せられていた、遠くへも持ち帰りたい、という長年の要望に満を持して応える製法を確立したのであった。さらに、また逸話が生まれる。「真空パック」という名称はこのとき崎陽軒が初めて用いたものである、と。

真空パック化により五か月の長期保存が可能となり、のちに各種の冷凍食品にも発展していくのだが、鮮度を重視した商いに変わりはない。前述のとおり、保存料が不使用であるから、常温販売のシウマイの消費期限は製造から十七時間、白飯の入るシウマイ弁当のそれは約十時間と短い。

幾度かの構成変更を経ながら、シウマイ弁当は、肩を寄せ合うように並ぶシウマイ五個のほか、鮪の漬け焼、鶏の唐揚げ、玉子焼き、蒲鉾、口直しのあんずが一つずつ、さらに筍煮、千切り生姜、切り昆布、白飯の真ん中に載る小梅一粒など、副菜の顔ぶれが十年一日のごとく変わらない。たとえば、鮪の漬け焼を鮭の塩焼きなどに一時的にでも変えようものなら、長年のファンは黙っていない。堅固な相思相愛の関係がシウマイ愛好者との間で育まれてきた。

自社製品の歩みと進化について、ひとしきり語った野並は、「いまのコロナ禍で、なんとも――」と口を濁しつつも、「運動会のシーズンですよね」と秋晴れの窓の外を見やった。

「キャンセルポリシーというのでしょうか。運動会などで、あらかじめシウマイ弁当をまとめてご予約いただくことが横浜では多いんですが、雨天で中止となった場合、当日の朝早くにご連絡をちょうだいしたら、キャンセル料を一切とらないことにしています」

企業の理念や良心だけでは貫けない信条であろう。朝になって三百食、五百食とキャンセルになっても、市内にある主だった店舗で当日に売り切ることができるという算段も立つからである。首都圏一都三県と静岡県に合わせて約百五十ある崎陽軒の店舗で屈指の売り上げを誇るというＪＲ横浜駅構内の横浜駅中央店へは、午前六時から午後九時までの営業時間中に最多で一日に約二十回、商品を配送すると聞いた。完全事前予約制で、祝い事には白飯を赤飯に、葬儀などには紅白のカマボコを白いそれに代えて指定日時に届けるというサービスも、社長の野並直文が導入を決断し、継続してきた。

## ローカルに徹するべきか

三十年以上、社長を務めていれば、波瀾のひとつもないはずがない。

苦が負にならないという御仁がまれにいる。相応の星霜を経てきて、顔つきや皺ひとつに苦悩の跡が刻まれぬはずはないのだが、どうにも、そうしたことを感じさせない。

目の前のソファに屈託なく座る野並直文は、育ちがいいのにエリートの持つ嫌味がなく、インテリでありながら道化を率先して楽しむ遊び心に富んでいた。横浜《ハマ》っ子の気質、というものであろうか。

シウマイ弁当の外装に、十字状に紐がかけられたものと、そうでないものとがある。前者は横浜工場と本社工場で、後者は東京工場で製造されたもので、紐がかけられたシウマイ弁当は東京駅構内では売られていない。花結びといい、くるりと輪を巻いた結び目から伸びた長い紐を引けば解《ほど》ける。短いほうの紐を引いたら、かえってきつく結ばれる。愛好者にはとうに知られていることだが――。

「東京駅、横浜駅、新横浜駅、どこで売っているシウマイ弁当も中身はまったく同じです。外目に唯一、違っているのは、紐がかかっているかどうか、なんです。紐のかかっているシウマイ弁当をお買い上げいただいたときは、新幹線の中で、その紐を解くときの、なんとも妙にエロチックな感覚をお楽しみください」

社長の野並直文が自らそう笑うのである。この花結びは、新入社員が必ず教え込まれる作業となっている。ベテランは五秒ほどで、要領を心得ぬ新人でも十秒あまりで結べるようになると聞いた。子どものときから食べている私は、いまだ何分かかっても結べない。

将来の進むべき道が定められた者ほど、思いのほか、そこへ辿り着く道行きは定まっていないということなのかもしれない。

地元の横浜市立港北小学校から慶應義塾の中等部に進み、一九七一年、慶應大学商学部を卒業した。流通革命という流行語にいざなわれるように、首都圏で華々しくチェーン展開していた西武百貨店系列の西友ストアー（当時）に入社する。インテリア部門に配属され、絨毯やカーテンの販売を担当した。「十年くらいで出世してやろうと思っていた」と回想する。だが、父は、「遊んでいないで戻ってこい」と一年と少ししかたっていないのに有無をいわせず崎陽軒へ転職させる。親元から巣立っていこうとする跡継ぎ息子を、取り返しがつかなくなる前に手元へ呼び寄せたいという父のエゴが多少なりとも働いたろうか。野並直文自身、「崎陽軒に戻ることが親孝行にもなるか」と考えるところはあった。

御殿場に出店した崎陽軒のレストランの店長を務めたりした。責任ある仕事を任せられるのは想像以上に難しいと実感し、「もっと勉強しておけばよかったな、と後悔していたころ」、母校の慶應がハーバードなどで知られる欧米の著名なビジネススクールのように、社会人を対象にした二年制の本格的な経営大学院を開設するという新聞広告を目にする。

「親父に『行きたい』っていったら『受かるわけねえだろ』と笑われたんです。でも、受けたら合格しちゃった。『しょうがねえから行ってこい』と親父が認めてくれましてね」

　慶應ビジネススクール、略称ＫＢＳの修士課程の第一期生として、一九七八年、二十九歳のとき、入学する。以後、月曜から金曜、朝より夕方まで、みっちりと授業があり、一日に二ないし三社の企業経営の実例を討論形式で研究して学ぶ。授業のない土曜日には、崎陽軒に戻って幹部会議に出て、実際の経営を肌身で覚えていった。これを二年繰り返すうち、ＫＢＳで学んだケーススタディーは六百社を超えた。

「経営者としての疑似体験を、それだけの数できたのだと思います。本当に大きかった」

　もうひとつ、経営者としての指針に大きな示唆を与えられた。父から「崎陽軒のシウマイは全国的なナショナルブランドをめざすべきか。それとも横浜のローカルブランドに徹するべきか」と、たびたび問われていたのである。

「親父も本当に悩んでいたのだろうと思います。私も結論づけられずにいました」

そのころ、会員であった横浜青年会議所（ＪＣ）の活動の一環で、「一村一品運動」のまちおこし提唱者として有名であった大分県知事の平松守彦に面会する機会を得た。県庁で、平松に相対すると、志向すべきはナショナルブランドかローカルブランドかと訊ねた。

「『典型的な例はアルゼンチンタンゴだ』と平松さんはおっしゃったんです。首都ブエノスアイレスの港町の民族舞踊でしかなかったものが非常に芸術性に優れているからと、いまや世界中の人たちが楽しむ音楽、文化になった。真にローカルなものこそ、本当にインターナショナルなものになり得ると、その理念を語ってくださった。目から鱗でした」

父から社長の職を継いだ一九九一年以後、大規模なレストランや宴会場などを備えた本店ビルの竣工や工場の拡張など、社運を賭けたといっていいプロジェクトが矢継ぎ早に進んでいった。当時、二十億円の借入金があった。順調に完済できると見込んでいたが、バブル景気終焉の影響は否応なく押し寄せ、九〇年代半ばには年商が約二百億円であったのに対し、過大な投資と販路の急拡大が仇《あだ》となって借入金が百億円に膨らんだ。崎陽軒という会社のありようを、いま一度見つめ直す時機ともなったろう。真にローカルなものこそインターナショナルなものになり得るという信念のもと、全国のスーパーマーケットなどにシウマイ商品の委託販売をすることで売り上げ増を図る方針を、およそ二十年をかけてご破算にしてゆき、横浜に地盤を置いた着実な事業へと回帰させていった。

「うちのシウマイのような商品こそ、横浜に行かないと買えないという稀少性が地元の名物であることにつながって、ひいてはブランド価値になるのではないでしょうか。ブランド価値があれば価格競争にも巻き込まれないで済みます。どこのコンビニ店でも買える利便性と売り上げ増を追ったら、結果は火を見るよりも明らかだと気づいたんです」

## オンリーワンをめざす

無借金経営への目途がつきつつあった二〇〇八年、創業百周年を機に、経営理念を新たに定めた。

《崎陽軒はナショナルブランドをめざしません。真に優れた「ローカルブランド」をめざします》

最盛期に二百五十億円を超えた年商は、コロナ禍の影響で人の行き交いの少なくなる時期が長引いた二〇二〇年度は販売の落ち込みが激しく、三〇%以上の減少となり、最終赤字に陥ることを避けられなかった。二〇二一年度は、最終的に黒字決算となりそうな見込みであると野並は話した。

「百年先、二百年先のことは、むろんわかりません。しかし、大企業にならなくてもいいと思っています。月並みですが、ナンバーワンよりオンリーワンの中小企業でありたい」

長男で四十歳の専務である晃は、父と同じようにＪＣの活動に熱心で、二〇二一年は、全国を束ねる日本ＪＣの第七十代会頭を務めた。父と同様に、育ちのいい笑顔を絶やさない好漢で、白い歯を見せながら、やはり「崎陽軒はナショナルブランドをめざすのではなく、ローカルブランドに徹することが大切だと考えています」と強調する。コロナ禍で渡航を制限されつつも、世界中のＪＣメンバーたちとＳＤＧｓ（持続可能な開発目標）について論じ合う。父は息子を穏やかに見守る。

「経営には常に不安が絶えないものです。いまのような時期に日本ＪＣ会頭を経験することも息子に何かをもたらすことでしょう。ま、あまり先のことは心配していませんね」

興味深い秘訣を社長の野並直文が自ら明かした。

記してきたとおり、崎陽軒のシウマイは一口大である。揺れる車内、機内では、小ぶりであるがゆえ、付属の醬油をかけても、そこにとどまらず、下に流れていってしまう。

「割り箸が付いていますでしょう。その先っちょを、シウマイのてっぺんに少し突き刺して、穴を開けるんです」

え……。

「その窪みの部分に醤油をたらしまして、さらに付属の辛子をとろっとかける。お試しくださいな。絶妙です」

くぅー、いますぐ食べたい。

追記
二〇二二年五月、野並直文社長は代表権のある会長に、晃専務が第四代社長に就任した。就任から三月《みつき》とたたない同じ年の八月、新進気鋭の社長は苦渋の決断に踏み切る。本文でも詳述している定番の「シウマイ弁当」のシウマイと並ぶ代表的な副菜である「鮪の漬け焼」を「鮭の塩焼き」に、一週間限定で変更したのである。新型コロナウイルス感染拡大による食材供給網の混乱の影響で、原材料の鮪の必要数を確保するのが難しくなったため、いくつかの代替用の魚料理を検討した結果、品質とサイズも踏まえて、税込み八百六十円の売価を変更しないまま鮭の塩焼きと決めた。シウマイ弁当の準主役ともいえる魚料理が変更されるのは、五十九年ぶりのことであった。社内でも議論を重ねた末の難しい結論だったのだが、崎陽軒ファンは、むしろ色めき立った。そして、神奈川と東京を中心とする直営の約百六十店、また駅構内などの委託店舗では売り切れが続出する結果となったのである。胸をなでおろす思いであったろうが、気負いはない。

「お金に換えられないブランドを育て、守ることこそ、私たちの役割です」

二〇二三年二月には、シウマイ弁当のパッケージがプリントされ、食器洗い乾燥機の使用が可能で、ふたを外して電子レンジでも使えるという「シウマイ弁当お弁当箱&お箸セット」を税込み二千六百八十円で売り出すや、またも売り切れ店が続出し、さらにはインターネット上で定価を上回る額で転売されるという事態まで見られた。時代と経営環境の変化に柔軟な対応を見せながら、ファンの心理をくすぐりつつ、ビジネスセンスをきらりと光らせている。

# あとがきにかえて

「日本の〝社長〟たちを訪ね歩いてみませんか――」
月刊『文藝春秋』の編集長であった松井一晃氏（現・『Number』編集局長）より、久方ぶりに再会した折、どことなく少年っぽさを残す彼らしい微笑みとともに、そのように誘われた。むろん、かつて社長職を経験した広い意味での経営トップをその対象とすることは、申し合わせるまでもなかった。たまたまの思いつきのように語られながら、深く熟考されて練られた企画であることは確認し合うまでもなく、私は面白がって飛びついた。二〇二〇年二月中旬、得体の知れぬ新型コロナウイルスという感染症の拡大が身近に迫っている時期のことであった。

当時の首相による小中高校、特別支援学校等の一斉臨時休校要請、さらに緊急事態宣言という不穏な発表に、誰しも動揺は皆無ではなかったであろう。企業活動も大いなる制限を強いられた。

いったんは極端な緊張から解かれるであろうかという同じ年の初夏のころ、実際に各地の経営者、会社を訪ねてゆくことを始め、連載「ニッポンの社長」がスタートした。困難な道行きになるであろうと少しは想像しながら——。松井氏のもと、『文藝春秋』での連載中、稲田勇夫、池内真由両氏をはじめとするみなさんには、心強く助けていただいた。

翌二〇二一年には、新たに『文藝春秋』編集長に就任された新谷学氏より、文藝春秋が百周年を迎える機に合わせて「ニッポンの一〇〇年企業」と題する連載に装いを改めることを提案され、躊躇《ためら》うところなくお受けした。新谷氏の時代を読む編集センス、そして人の心にするりと寄り添っていくパーソナリティーは、「文春砲の生みの親」という世間に膾炙《かいしゃ》した表現ではとらえきれない。通算二年あまりにわたる連載は、右のみなさんが身をすり減らすがごとき尽力をしてくださって成り立っていたことは詳述するまでもない。

重くてかさばる機材を大事に携えながら、ともに各地を旅した文藝春秋写真部の三宅史郎、石川啓次、杉山秀樹、鈴木七絵各氏らも、ときに一瞬の会心のショットに喜び、ときに互いをねぎらい合う伴走者であり、当然のこととして誌面をつくる共同制作者であった。

世界中が震撼する感染症の拡大に怯える中、為替の乱高下、ロシアによるウクライナ侵攻、それらによる燃料や物価の高騰がつづき、いまの苦境は出口が見えないまま一年を超えるに至っている。混沌としている世界情勢の行く末を予言できる人などないであろう。

私たちは七十八年前の敗戦の記憶を過去のものとすべきではないであろう。戦前から、あるいは焼け野原の廃墟から、志を持って立ち上がり、今日を築いてきた人びとの歩みの、ほんの一端でもを描かんとしたのがこの小冊である。先の大戦のあとも、私たちはいくつもの困難に瀕し、それを乗り越えるべく、おのおのが努力を重ね、みなの役に立とうと智慧を尽くして暮らしを守り育ててきた。経営者とその会社を訪ね歩く旅の第一歩が福島を本拠地とするヨークベニマルであったことは、単なる偶然ではない。時は止まるまいが、私たちは時を忘れない。

『文藝春秋』での二年あまりの連載を終えてまもなく、「逆境」と「経営」という現在を象徴するような二つのキーワードをかけ合わせるようにして一冊にまとめることはできないものかと、ノンフィクション・新書出版局の局長、大松芳男氏より申し越しをいただいた。ひたすら毎月の原稿を書き上げることだけに終始していた者には、望外の恵みであった。所収する原稿については、文春新書編集長の前島篤志氏にも『文藝春秋』連載のすべてを読み上げたうえで貴重な助言を与えられ、本書の構成がおおむね成り立った。一冊に編み上げるにあたっては、文春新書編集部の大石正輝氏が実に根気強く導いてくださった。

お名前をすべて挙げることはとうてい叶わぬが、校閲、デザイン、営業、広告、宣伝といったさまざまな部署のみなさん、さらに、印刷、製本、物流、取次、書店に携わるみなさんの労苦によって、連載を通して伝えようとした企業各社の商品やサービスと同様、読者お一人おひとりに、本書を手にとっていただくことができている。

長い時間を割いていただいた経営者、各社の広報部門をはじめとする方々、そこで働くみなさんに厚く御礼を申し上げるとともに、変わらぬ穏やかな暮らしを切に祈りたい。逆境の先に、きっと順境があろうから、と。

二〇二三年四月　新社会人の門出を祝いながら

樽谷哲也

# 初出一覧

本文はいずれも月刊『文藝春秋』の連載「ニッポンの社長」および「ニッポンの一〇〇年企業」に加筆したもの。各企業の初出掲載号は次のとおり。

株式会社ヨークベニマル：二〇二〇年十一月号／株式会社サイゼリヤ：二〇二一年一月号
株式会社大創産業：二〇二一年二月号／株式会社カインズ：二〇二〇年十二月号
サトウ食品株式会社：二〇二一年四月号／株式会社西松屋チェーン：二〇二一年五月号
株式会社キタムラ：二〇二一年三月号／貝印株式会社：二〇二一年九月号
コマツ：二〇二二年三月号／美津濃株式会社：二〇二二年八月号
グンゼ株式会社：二〇二二年九月号／岩下食品株式会社：二〇二一年六月号
銚子電気鉄道株式会社：二〇二一年七月号／株式会社　崎陽軒：二〇二一年十一月号

**樽谷哲也**（たるや　てつや）

ノンフィクション作家。1967年、東京都生まれ。出版社で雑誌編集者を7年半余りしたのち、98年からフリージャーナリストとなる。総合月刊誌『文藝春秋』にて「ニッポンの社長」および「ニッポンの一〇〇年企業」を連載、また流通情報誌『ダイヤモンド・チェーンストア』では「革命一代　評伝・渥美俊一」をじつに13年半、300回にわたって長期連載した。そのほか『プレジデント』で企業取材、『Number』ほかで人物評伝、ルポルタージュなどを執筆する。


文春新書

1403

逆《ぎやつ》境《きよう》経《けい》営《えい》

2023年4月20日　第1刷発行

著　者　　樽谷哲也

発行者　　大松芳男

発行所　株式会社　文藝春秋

〒102-8008　東京都千代田区紀尾井町3-23

電話（03）3265-1211（代表）

印刷所　　理想社

付物印刷　大日本印刷

製本所　　大口製本

定価はカバーに表示してあります。

万一、落丁・乱丁の場合は小社製作部宛お送り下さい。

送料小社負担でお取替え致します。





ISBN978-4-16-661403-5

## ◆日本の歴史

渋沢家三代　佐野眞一
古墳とヤマト政権　白石太一郎
昭和史の論点　坂本多加雄・秦 郁彦・半藤一利・保阪正康
謎の大王 継体天皇　水谷千秋
謎の豪族 蘇我氏　水谷千秋
謎の渡来人 秦氏　水谷千秋
継体天皇と朝鮮半島の謎　水谷千秋
女たちの壬申の乱　水谷千秋
あの戦争になぜ負けたのか　半藤一利・保阪正康・中西輝政・戸髙一成・福田和也・加藤陽子
日本のいちばん長い夏　半藤一利編
昭和陸海軍の失敗　半藤一利・秦 郁彦・平間洋一・保阪正康・黒野 耐・戸髙一成・戸部良一・福田和也
昭和の名将と愚将　半藤一利・保阪正康
日本型リーダーはなぜ失敗するのか　半藤一利
「昭和天皇実録」の謎を解く　半藤一利・保阪正康・御厨 貴・磯田道史
大人のための昭和史入門　半藤一利・船橋洋一・出口治明・水野和夫・佐藤 優・保阪正康他
21世紀の戦争論　半藤一利・佐藤 優

なぜ必敗の戦争を始めたのか　半藤一利
歴史探偵 忘れ残りの記　半藤一利
歴史探偵 昭和の教え　半藤一利
歴史探偵 開戦から終戦まで　半藤一利
十七歳の硫黄島　秋草鶴次
山県有朋　伊藤之雄
指揮官の決断　早坂 隆
永田鉄山 昭和陸軍「運命の男」　早坂 隆
ペリリュー玉砕　早坂 隆
硫黄島 栗林中将の最期　梯 久美子
日本人の誇り　藤原正彦
天皇陵の謎　矢澤高太郎
児玉誉士夫 巨魁の昭和史　有馬哲夫
江戸の貧民　塩見鮮一郎
火山で読み解く古事記の謎　蒲池明弘
邪馬台国は「朱の王国」だった　蒲池明弘
「馬」が動かした日本史　蒲池明弘
文部省の研究　辻田真佐憲

古関裕而の昭和史　辻田真佐憲
写真で見る 日めくり日米開戦・終戦　共同通信編集委員室編
暴かれた伊達政宗「幕府転覆計画」　大泉光一
大日本史　山内昌之・佐藤 優
日本史のツボ　本郷和人
承久の乱　本郷和人
権力の日本史　本郷和人
北条氏の時代　本郷和人
元号　所 功・久禮旦雄・吉野健一
歴史の余白　浅見雅男
明治天皇はシャンパンがお好き　浅見雅男
皇位継承　高橋 紘・所 功
江戸のいちばん長い日　安藤優一郎
江戸の不動産　安藤優一郎
西郷隆盛と西南戦争を歩く　正亀賢司
姫君たちの明治維新　岩尾光代
日本史の新常識　文藝春秋編
秋篠宮家と小室家　文藝春秋編

日本プラモデル六〇年史　小林 昇
仏教抹殺　鵜飼秀徳
お寺の日本地図　鵜飼秀徳
昭和天皇 最後の侍従日記　小林 忍＋共同通信取材班
令和を生きるための昭和史入門　保阪正康
内閣調査室秘録　志垣民郎 岸 俊光編
木戸幸一　川田 稔
「京都」の誕生　桃崎有一郎
皇国史観　片山杜秀
昭和史がわかる ブックガイド　文春新書編
遊王 徳川家斉　岡崎守恭
東條英機　一ノ瀬俊也
信長 空白の百三十日　木下昌輝
感染症の日本史　磯田道史
平安朝の事件簿　繁田信一
婆娑羅大名 佐々木道誉　寺田英視
経理から見た日本陸軍　本間正人
戦前昭和の猟奇事件　小池 新

インパールの戦い　笠井亮平
東京の謎《ミステリー》　門井慶喜
歴史・時代小説教室　安部龍太郎 門井慶喜 畠中 恵
お茶と権力　田中仙堂
明治日本はアメリカから何を学んだのか　小川原正道

(2022. 04) A
品切の節はご容赦下さい

## 文春新書

### ◆文学・ことば

- 翻訳夜話　村上春樹・柴田元幸
- 翻訳夜話2 サリンジャー戦記　村上春樹・柴田元幸
- 漢字と日本人　高島俊男
- 語源でわかった！ 英単語記憶術　山並陞一
- すごい言葉　晴山陽一
- 危うし！ 小学校英語　鳥飼玖美子
- 外交官の「うな重方式」英語勉強法　多賀敏行
- 名文どろぼう　竹内政明
- 「編集手帳」の文章術　竹内政明
- ビブリオバトル　谷口忠大
- 新・百人一首　岡井隆・馬場あき子・永田和宏・穂村弘選
- 劇団四季メソッド「美しい日本語の話し方」　浅利慶太
- 芥川賞の謎を解く　鵜飼哲夫
- ビジネスエリートの新論語　司馬遼太郎
- オッペケペー節と明治　永嶺重敏
- 世界はジョークで出来ている　早坂　隆
- 一切なりゆき　樹木希林
- 天才の思考　鈴木敏夫
- いま、幸せかい？　滝口悠生選
- 英語で味わう万葉集　ピーター・J・マクミラン
- 歎異抄 救いのことば　釈　徹宗
- 最後の人声天語　坪内祐三
- 教養脳　福田和也
- 明日あるまじく候　細川護熙
- 伊賀の人・松尾芭蕉　北村純一
- ちょっと方向を変えてみる　辻　仁成
- 歴史・時代小説教室　安部龍太郎・門井慶喜・畠中　恵

## ◆経済と企業

金融工学、こんなに面白い　野口悠紀雄
リープフロッグ　野口悠紀雄
臆病者のための株入門　橘　玲
臆病者のための億万長者入門　橘　玲
熱湯経営　樋口武男
先の先を読め　樋口武男
就活って何だ　森　健
ビジネスパーソンのための契約の教科書　福井健策
ブラック企業　今野晴貴
ブラック企業2　今野晴貴
売る力　鈴木敏文
日本型モノづくりの敗北　湯之上隆
詐欺の帝王　溝口　敦
さらば！　サラリーマン　溝口　敦
トヨタ生産方式の逆襲　鈴村尚久
グローバリズムが世界を滅ぼす　エマニュエル・トッド　ハジュン・チャン　柴山桂太・中野剛志・藤井聡・堀茂樹

税金を払わない巨大企業　富岡幸雄
消費税が国を滅ぼす　富岡幸雄
あなたの隣のモンスター社員　石川弘子
安売り王一代　安田隆夫
働く女子の運命　濱口桂一郎
人工知能と経済の未来　井上智洋
「公益」資本主義　原　丈人
お祈りメール来た、日本死ね　海老原嗣生
ルポ　税金地獄　朝日新聞経済部
日本株式会社の顧問弁護士　児玉　博
自動車会社が消える日　井上久男
日産vs.ゴーン　井上久男
新貿易立国論　大泉啓一郎
世界史を変えた詐欺師たち　東谷　暁
日銀バブルが日本を蝕む　藤田知也
AIが変えるお金の未来　坂井隆之・宮川裕章＋毎日新聞フィンテック取材班
なぜ日本の会社は生産性が低いのか？　熊野英生
会社員が消える　大内伸哉

キャッシュレス国家　西村友作
農業新時代　川内イオ
農業フロンティア　川内イオ
総会屋とバブル　尾島正洋
最強の相続　荻原博子
吉本興業の約束　大﨑　洋　坪田信貴
日本企業の復活力　伊丹敬之
グリーン・ジャイアント　森川　潤

## 文春新書のロングセラー

樹木希林
### 一切なりゆき
樹木希林のことば

二〇一八年、惜しくも世を去った名女優が語り尽くした生と死、家族、女と男……。ユーモアと洞察に満ちた希林流生き方のエッセンス

1194

中野信子
### サイコパス

クールに犯罪を遂行し、しかも罪悪感はゼロ。そんな「あの人」の脳には隠された秘密があった。最新の脳科学が解き明かす禁断の事実

1094

橘 玲
### 女と男　なぜわかりあえないのか

単純な男性脳では、複雑すぎる女性脳は理解できない！「週刊文春」の人気連載「臆病者のための楽しい人生100年計画」を新書化

1265

ジャレド・ダイアモンド　ポール・クルーグマン　リンダ・グラットンほか
### コロナ後の世界

新型コロナウイルスは、人類の未来をどう変えるのか？　世界が誇る知識人六名に緊急インタビュー。二〇二〇年代の羅針盤を提示する

1271

立花 隆
### 知の旅は終わらない
僕が3万冊を読み100冊を書いて考えてきたこと

立花隆は巨大な山だ。政治、科学、歴史、音楽……、万夫不当の仕事の山と、その人生を初めて語った。氏を衝き動かしたものは何なのか

1247

文藝春秋刊